Robert Zimmer / Martin Morgenstern
Karl R. Popper

Robert Zimmer / Martin Morgenstern

Karl R. Popper

Eine Einführung
in Leben und Werk

2., durchgesehene und ergänzte Auflage

Mohr Siebeck

Robert Zimmer, geboren 1953; Studium der Philosophie und Anglistik; 1989 Promotion; 1982–91 Wiss. Mitarbeiter an den Universitäten Saarbrücken und Düsseldorf; 1992–96 Lehrbeauftragter an der Freien und der Technischen Universität Berlin; seit 1996 freier Sachbuchautor und Publizist.

Martin Morgenstern, geboren 1953; Studium der Philosophie und Germanistik; 1984 Promotion; 1992–98 Lehrbeauftragter an der Universität des Saarlandes; arbeitet im Schuldienst des Landes Rheinland-Pfalz.

ISBN 978-3-16-153576-5

Die Deutsche Nationalbibliothek verzeichnet diese Publikation in der Deutschen Nationalbibliographie; detaillierte bibliographische Daten sind im Internet über *http://dnb.dnb.de* abrufbar.

© 2015 Mohr Siebeck Tübingen. www.mohr.de

Das Werk einschließlich aller seiner Teile ist urheberrechtlich geschützt. Jede Verwertung außerhalb der engen Grenzen des Urheberrechtsgesetzes ist ohne Zustimmung des Verlags unzulässig und strafbar. Das gilt insbesondere für Vervielfältigungen, Übersetzungen, Mikroverfilmungen und die Einspeicherung und Verarbeitung in elektronischen Systemen.

Die erste Auflage erschien 2002 beim Deutschen Taschenbuch Verlag, München.

Das Buch wurde von Computersatz Staiger in Rottenburg/N. gesetzt, von Gulde-Druck in Tübingen auf alterungsbeständiges Werkdruckpapier gedruckt und von der Buchbinderei Nädele in Nehren gebunden.

Wir danken Gretl und Hans Albert
für ihre unverzichtbare Hilfe
beim Zustandekommen dieses Buches

Inhaltsverzeichnis

1. Zu Person und Werk

Er war ein klein gewachsener Mann, der in einer Menschenmenge nicht auffiel, aber im Gespräch und Vortrag eine unwiderstehliche Aura entfaltete und die Zuhörer in seinen Bann zog. Gefühle konnte er nur schwer verbergen. Seine Neigung, Widersprüche und Kritik von Diskussionspartnern mit heiligem Zorn zu verfolgen und seine Ansichten beharrlich und aggressiv zu verfechten, bis der Gegner die Waffen streckte, war gefürchtet. Der Verfechter von Liberalität und Toleranz handelte sich unter seinen Studenten so den Spitznamen „Der totalitäre Liberale" ein.

Wie sein großes Vorbild, der Aufklärer Immanuel Kant, führte Karl Raimund Popper über Jahrzehnte ein unauffälliges, zurückgezogenes Leben, das ganz auf das Werk und die Lösung philosophischer Probleme ausgerichtet war. Ein besessener Workaholic, verzichtete er in seinen späteren Lebensjahren auf Auto, Fernsehen und Zeitungen. Gegen das Rauchen war er allergisch und Alkohol mied er. Sein Tagesablauf folgte einer kompromisslosen „Ethik der Arbeit" und nicht selten rief er verdutzte Freunde mitten in der Nacht an, um mit ihnen eine intellektuelle Entdeckung zu teilen. Den Zeitgeist ignorierte er, doch verzichtete er bis zuletzt nicht darauf, Zeitentwicklungen zu kommentieren.

Seine Lehrjahre verliefen allerdings turbulenter. Popper, ein Wiener jüdischer Herkunft, erlebte den Zusammenbruch der k. und k. Monarchie und die stürmischen Jahre der ersten österreichischen Republik. Vor den Nazis brachte er sich ins ferne Neuseeland in Sicherheit. In England, dessen Staatsbürger er wurde, fand er schließlich eine neue Heimat. Die politischen Werte des Westens verteidigte er fortan leidenschaftlich, wofür ihn 1965 die Queen zum Ritter schlug. Als er nach dem Krieg an die London School of Economics berufen wurde und sich ganz der Lehre und Forschung widmen konnte, waren auch seine Wanderjahre beendet. Fortan war er, nach eigenen Worten, „der glücklichste Philosoph, der mir je begegnet ist." (GW 15, 187 [A 180])

Seine Sprache war klar, verständlich, mitunter polemisch. Den akademischen Jargon der Berufsphilosophen verabscheute er ebenso wie die suggestive und mehrdeutige Sprache der sogenannten „orakelnden" Philosophen, die er vor allem in der Tradition Hegels und Heideggers ausmachte. Um sich von dieser Art von Philosophie zu distanzieren, hat er es häufig sogar abgelehnt, sich überhaupt als Philosophen zu bezeichnen. In seiner Außenseiterrolle fühlte er sich offensichtlich wohl.

Er hatte lebenslange Freunde, aber auch erbitterte Gegner und viele seiner Schüler wandten sich frustriert von ihm ab. In den letzten Jahren seines Lebens pilgerten nicht nur Verehrer und Kollegen zu seinem Wohnsitz im Süden Englands, auch Staatsmänner erwiesen Sir Karl ihre Reverenz. Aufmerksam und freundlich beantwortete er bis zu seinem Tod auch noch die Briefe ihm Unbekannter mit eigener Hand. Als Popper 1994 starb, bezeichneten ihn britische Zeitungen als den „hervorragendsten Philosophen des 20. Jahrhunderts".

Er stellte die Erkenntnis- und Wissenschaftstheorie auf eine neue Grundlage, und er gab den Werten der westlichen, pluralistischen Demokratie ein neues philosophisches Gesicht: Popper gehört zu den wenigen Philosophen dieses Jahrhunderts, die sowohl in der theoretischen als auch in der praktischen Philosophie Bahnbrechendes geleistet haben. Er verband die analytische Methodik der angelsächsischen Philosophie mit den Fragestellungen der kontinentaleuropäischen Philosophie. Der von ihm begründete „Kritische Rationalismus" stellt sich bewusst in die Tradition des aufklärerischen Glaubens an die Vernunft, verbunden mit einem kritischen Bewusstsein ihrer Grenzen. Poppers Philosophie ist eine Philosophie des Optimismus: Sie achtet den Menschen als ein lernfähiges und ununterbrochen lernendes Wesen, das in der Lage ist, seine Irrtümer immer wieder zu korrigieren. Es gibt den Fortschritt, aber es gibt auch immer einen Fortschritt über diesen Fortschritt hinaus. Bei alledem ist Poppers Philosophie eine Philosophie der Bescheidenheit: Täuschung und Irrtum gehören für ihn untrennbar zur menschlichen Erkenntnis, über die letzten Dinge wissen wir nichts.

Das entscheidende Werkzeug des Popperschen Philosophierens ist die Kritik. Poppers Philosophie ist ein Angriff auf alle Dogmatismen, Orthodoxien und Totalitarismen, die sich gegen Kritik und Widerlegung verschanzen. Sie ist eine Kampfansage der Freiheit gegen jene Cliquen in Politik, Religion und und Gesellschaft, die ihre Autorität mit Hilfe „geschlossener" unangreifbarer Weltanschauungen verewigen wollen. Nicht die Ankunft im Reich endgültiger Wahrheiten ist ihr Ziel, sondern das Verringern von Irrtümern. Wir können niemals die Wahrheit einer Theorie nachweisen, aber wir können sie möglicherweise widerlegen und damit einer besseren Theorie den Boden bereiten. Genau darin besteht nach Popper die „Wissenschaftlichkeit" einer Theorie, ja „Rationalität" überhaupt: prüfbare Hypothesen klar zu formulieren, sie danach einer strengen Prüfung zu unterziehen und sie dann, falls erforderlich, zu

revidieren oder zu verwerfen – nur so lässt sich Erkenntnisfortschritt erreichen.

Ebenso wichtig ist die Kritik auf dem Gebiet der Politik.
Auch hier gilt es, den Traum vom Schlaraffenland, vom
endgültigen und idealen Staat aufzugeben. Utopisches
Denken ist menschenfeindlich, weil es dazu benutzt wird,
die konkreten Bedürfnisse und Probleme des Individuums
dem Fernziel der idealen Gesellschaft zu opfern. Poppers
Begriff der „offenen Gesellschaft" zielt dagegen nicht auf
einen endgültigen Zustand, sondern auf einen Prozess, in
dem die Herrschenden sich einer ständigen Macht- und
Fehlerkontrolle unterziehen und jederzeit abwählbar sein
müssen. Die politische Philosophie des Kritischen Rationalismus ist ein Liberalismus mit sozialem Gesicht, der
den Fortschritt auf dem Weg der ständigen, kleinen Re-
formschritte sucht.

Das 20. Jahrhundert war das Jahrhundert der totalitären Großexperimente. Im Katzenjammer ihres Scheiterns
wurde Poppers Plädoyer für intellektuelle Bescheidenheit
und kritische Vernunft bestätigt.

2. Wien (1902–1930)

Ein Kind der Wiener Kultur

Wie sein Landsmann Ludwig Wittgenstein (1889–1951)
entstammte Karl Popper dem liberalen jüdischen Bürgertum Wiens und wurde von der einzigartigen kulturellen
Atmosphäre der österreichischen Metropole geprägt. Der
Einfluss Wiens auf die Entwicklung des Philosophen Popper kann kaum überschätzt werden. In den Jahrzehnten
zwischen 1880 und 1930 war Wien ein unbestrittener Mittelpunkt der europäischen Kultur, ein Schmelztiegel von
Ethnien und eine Werkstatt der Moderne.

Wien war bis zum Ende des Ersten Weltkriegs kultu-
relles und politisches Zentrum eines Vielvölkerstaats. Die
positive Erfahrung einer kulturellen und ethnischen Plu-
ralität machte Popper zu einem Anhänger der Multikul-
turalität, lange bevor diese zu einem Schlagwort in der
gesellschaftlichen Auseinandersetzung wurde. Zeit seines
Lebens stand er der Idee eines ethnisch reinen National-
staats ablehnend gegenüber, er hielt ihn für einen „Mythos", einen „irrationalen romantischen und utopischen
Traum, ein Traum von Naturalismus und Stammeskollek-
tivismus" (GW 6, 62 [OG II 66]). Nicht Homogenität, sondern der „Zusammenprall der Kulturen" hat für Popper
wesentlichen Anteil an der Entstehung der westlichen Zivilisation. In einem 1981 in seiner Heimatstadt gehaltenen
Vortrag formulierte er die Vermutung, „dass ein solcher
Zusammenprall nicht immer zu blutigen Kämpfen und zu

ca. 1928

zerstörenden Kriegen führen muss, sondern dass er auch der Anlass zu einer fruchtbaren und lebensfördernden Entwicklung sein kann" (SbW 128). Das Kulturzentrum Wien war dabei eines der augenfälligsten Beispiele: „Immer wieder werde ich in England und in Amerika gefragt, wie wohl die schöpferische Eigenart und der kulturelle Reichtum Österreichs und besonders Wiens zu erklären sind: die unvergleichlichen Höhepunkte der großen österreichischen Symphoniker, unsere Barockarchitektur, unsere Leistungen auf dem Gebiet der Wissenschaft und der Naturphilosophie ... Vielleicht hängt diese kulturelle Produktivität Österreichs mit meinem Thema zusammen, mit dem Zusammenprall von Kulturen. Das alte Österreich war ein Abbild Europas: Es barg fast zahllose sprachliche und kulturelle Minderheiten. Und viele dieser Menschen, die es schwer fanden, ihr Leben in der Provinz zu fristen, kamen nach Wien, wo manche, so gut es ging, Deutsch lernen mussten. Viele kamen hier unter den Einfluss einer großen kulturellen Tradition, und einige konnten neue Beiträge dazu leisten." (SbW 134f)

Einen nachhaltigen Beitrag zu dieser Kultur leistete die liberale jüdische Intelligenz. Mit dem Toleranzedikt des Reformkaisers Joseph II. im Jahre 1782 wurde der Weg für die gesellschaftliche Emanzipation, den wirtschaftlichen Erfolg und die Entfaltung der kulturellen Kreativität der jüdischen Bevölkerung gelegt. Die Revolution von 1848 brachte den Juden gleiche Staatsbürgerrechte und hob Beschränkungen des Wohnorts und der Berufstätigkeit auf. Auch nach der anschließenden Restauration des Absolutismus blieben viele dieser Erleichterungen in Kraft. Eine Folge davon war die starke Migration österreichischer Juden in die Hauptstadt Wien.

Während sich ihre gesellschaftliche und ökonomische Lage verbesserte, waren jüdische Bürger jedoch weiterhin mit Benachteiligungen und einem weit verbreiteten, vor allem im Kleinbürgertum verwurzelten antijüdischen Ressentiment konfrontiert. Obwohl in keiner anderen europäischen Großstadt so viele Juden konvertierten, wurde Wien gleichzeitig eine Brutstätte des modernen Antisemitismus. Besonders nach dem verlorenen Ersten Weltkrieg wurde die antisemitische Stimmung offener und feindseliger. Zudem entwickelte sich ein Gegensatz zwischen assimilierten, säkular denkenden, wohlhabenden Westjuden, den sogenannten „Krawattenjuden", und den zugewanderten orthodoxen und weitaus ärmeren Ostjuden, den „Kaftanjuden". Die jüdische Emanzipation war eine fragile und spannungsreiche Entwicklung.

Im Rückblick neigte Popper dazu, die Geschichte der jüdischen Assimilation in Österreich positiv zu bewerten: „Die Assimilation funktionierte … Ich glaube, dass die Juden vor dem Ersten Weltkrieg in Österreich und selbst in Deutschland recht gut behandelt wurden. Sie hatten nahezu alle Rechte, auch wenn die Tradition gewisse Schranken errichtete, besonders in der Armee. In einer vollkommenen Gesellschaft wären sie zweifellos in jeder Hinsicht gleich behandelt worden. Doch diese Gesellschaft war, wie alle Gesellschaften, recht weit davon entfernt, vollkommen zu sein: Obwohl Juden (und Menschen jüdischer Herkunft) vor dem Gesetz mit anderen gleichgestellt waren, so wurden sie nicht in jeder Hinsicht als gleichberechtigt behandelt. Dennoch glaube ich, dass die Juden so gut behandelt wurden, wie man es vernünftigerweise erwarten konnte." (GW 15, 157 [A 147])

Als getaufter Protestant und Anhänger der Aufklärung hat Popper es immer abgelehnt, seine Identität ethnisch zu begründen. Er betrachtete sich selbst nicht als Juden, doch ist weder seine Sozialisation noch sein persönlicher Werdegang ohne den jüdischen Familienhintergrund verständlich.

In den Jahrzehnten vor dem Ersten Weltkrieg lebten kritische österreichische Intellektuelle im Bewusstsein, einer Spätzeit anzugehören und in einem Land zu leben, in dem sich die politischen Strukturen, die gesellschaftlichen Umgangsformen und die künstlerischen Ausdrucksmittel verfestigt und zementiert hatten. Rituale und leerer Dekor waren Symptome einer gestörten Kommunikation zwischen Wissenschaft, Kunst und gesellschaftlichem Leben. In der Opposition gegen diese Verfestigungen fanden sich liberale Intellektuelle der Wiener „Spätaufklärung" ebenso wie radikale Sozialisten und, im Bereich der Kunst, die Protagonisten der Wiener Moderne. Deren Revolte hatte ihren Ursprung in der Forderung nach einer neuen Natürlichkeit, nach „Aufrichtigkeit und Wahrheit". Gerade jüdische Künstler und Wissenschaftler waren daran beteiligt, neue wissenschaftliche und philosophische Fragen zu stellen und neue „authentische" ästhetische Formen zu entwickeln. Die Kulturkritik der Wiener Moderne fand Ausdruck in so unterschiedlichen Formen wie der Psychoanalyse Sigmund Freuds (1856–1939), der Analyse der Geschlechterbeziehungen in Otto Weiningers (1880–1903) *Geschlecht und Charakter* (1903) oder in der Sprachkritik von Karl Kraus (1874–1936). Es entwickelte sich eine neue Formenkultur, die sich durch Schlichtheit und Strenge, durch eine Abkehr von jeder überflüssigen Ornamentik auszeichnete. Adolf Loos (1870–1933) revolutionierte die Architektur, Gustav Mahlers (1860–1911) Sinfonik und Arnold Schönbergs (1874–1951) Zwölftonmusik, Erben einer in Europa einmaligen Musiktradition, erneuerten die musikalische Formensprache. Ernst Mach (1838–1916), der für die Wiener Moderne einflussreichste Philosoph, versuchte durch einen radikalen Positivismus die Philosophie auf eine nicht-metaphysische, wissenschaftliche Grundlage zu stellen. Robert Musil (1880–1942), der über Mach promoviert hatte, schrieb mit seinem *Mann ohne Eigenschaften* (1930, 1933) einen der klassischen Romane der Moderne. Wittgensteins 1918 entstandener *Tractatus Logico Philosophicus* leitete eine Wende in der europäischen Philosophie ein und erschloss, ebenso wie vor ihm der aus Böhmen stammende Schriftsteller Fritz Mauthner (1849–1923), die Sprache als zentralen Gegenstand philosophischer Reflexion.

Popper selbst wuchs in der Auseinandersetzung mit diesem reichen kulturellen Milieu auf. Sowohl gegen revolutionäre Politik im Stil der Austro-Marxisten als auch gegen die revolutionäre Formensprache der Wiener Moderne entwickelte er jedoch im Laufe der Zeit erhebliche Vorbehalte. Seine entscheidenden politischen und kulturellen Prägungen erhielt er durch die liberale, antiklerikale und rationalistische Reformbewegung der Wiener Spätaufklärung. Sie wurde durch eine im Wiener Bürgertum verwurzelte, kosmopolitisch orientierte Minderheit vertreten, die Reform an Stelle von Revolution anstrebte und die Brücke zwischen jüdischen und nicht-jüdischen Liberalen schlagen wollte. In ihr spielte auch Poppers Vater eine nicht unmaßgebliche Rolle.

Elternhaus und Kindheit

Karl Popper gehörte zu einer jüngeren Generation, für die die Vorkriegswelt der Donaumonarchie nur noch eine Kindheitserinnerung blieb. Geboren am 28. Juli 1902 „Am Himmelhof", im westlichen Wiener Stadtteil Ober St. Veit, wuchs er im Zentrum Wiens, gegenüber dem Stephansdom, auf. Dort, Am Bauernmarkt 1, im Ersten Wiener Bezirk, unterhielt sein Vater eine Anwaltskanzlei.

Wie Karl Kraus oder Ludwig Wittgenstein war Popper Sohn eines Vaters, der es zu Wohlstand und gesellschaftlichem Ansehen gebracht und seinen Kindern so die materielle Voraussetzung für eine Hinwendung zu Kunst und Wissenschaft geschaffen hatte. Dr. Simon Siegmund Carl Popper wurde 1856 in Raudnitz, dem heutigen tschechischen Roudnice nad Labem in Nordböhmen geboren. Seine Familie kam ursprünglich aus dem mittelböhmischen Kolin, aus dem auch der Sozialreformer Josef Popper-Lynkeus (1838–1921), ein entfernter Verwandter der Familie, stammte. Poppers Großeltern väterlicherseits, Israel Popper (1821–1900) und Anna Popper, geb. Löwner (1828–1910), gehörten dem jüdischen Kleinbürgertum an. Sie wechselten häufig den Wohnort und ließen sich schließlich in Wien nieder. Neben Simon hatten sie zwei Söhne, Leopold und Siegfried, sowie die beiden Töchter Camilla und Hedwig.

Wie seine beiden Brüder studierte Simon Popper Rechtswissenschaften in Wien, wo er promovierte und als Anwalt, Sozialreformer und Literat Karriere machte. Er schaffte den Aufstieg vom Kleinbürgertum ins einflussreiche liberale Establishment. Als „Meister vom Stuhl" der Freimaurerloge „Humanitas" engagierte er sich in mehreren sozialen Hilfsorganisationen, die u.a. ein Kinderheim, ein Obdach-

losenasyl und einen „Verein gegen Verarmung und Bettelei"
betrieben. Seine politische Haltung war durch das Vorbild
des englischen Philosophen John Stuart Mill (1806–1873),
des Begründers des modernen Liberalismus, geprägt. Er engagierte sich für eine laizistische, auf den Grundfreiheiten
des Individuums aufbauende Gesellschaft, die zugleich ihre
Verantwortung gegenüber den sozial Schwächeren wahrnehmen sollte. Simon Popper dichtete, übersetzte und be-
teiligte sich am publizistischen Meinungsstreit. Seine Kritik am klerikal geprägten österreichischen Ständestaat, die
Satire *Anno Neunzehnhundertzehn. In Freilichtmalerei*,
veröffentlichte er unter dem Pseudonym Siegmund Carl
Pflug. In seinem Arbeitszimmer hingen Porträts von Darwin und Schopenhauer. Vor allem aber war er Besitzer einer umfangreichen, philosophisch reich bestückten Bibliothek von etwa 14000 Bänden. Teile davon haben seinen
Sohn ein Leben lang begleitet: „Ich besitze noch seinen Platon, Bacon, Descartes, Spinoza, Locke, Kant, Schopenhauer
und Eduard von Hartmann; John Stuart Mills *Gesammelte
Werke* in einer deutschen Übersetzung, herausgegeben
von Theodor Gomperz, dessen *Griechische Denker* er sehr
schätzte; die meisten Werke von Kierkegaard, Nietzsche
und Eucken und die von Ernst Mach; Fritz Mauthners Kritik der Sprache und Otto Weiningers *Geschlecht und Charakter* …; und Übersetzungen von Darwins Werken." (GW
15, 7 [A 7]). Es war eine für die fortschrittliche Intelligenz
der k. und k. Zeit typische Bibliothek. Schopenhauer und
Kierkegaard wurden vor allem durch ihre ethischen Schriften als Gegenpole einer moralisch erstarrten Gesellschaft
gelesen und in dieser Weise auch vom jungen Popper rezipiert. Popper nutzte die väterliche Bibliothek und machte
mit den Schriften Schopenhauers eine seiner ersten philosophischen Leseerfahrungen.

Über die Mutter fand die Kunst und vor allem die Musik Eingang in Poppers Leben. Jenny Popper wurde 1864 in Wien geboren und hatte nicht unerheblichen Anteil am sozialen Aufstieg ihres Mannes. Ihre Eltern, Max Schiff (1829–1903) und Karoline Schiff, geb. Schlesinger (1839–1908), waren Angehörige des wohlhabenden Wiener Großbürgertums. Max Schiff stammte aus Breslau und besaß in Wien eine Schirmfabrik. Jenny hatte fünf Geschwister: Helene, Otto, Walter, Dora und Arthur, von denen alle eine höhere Ausbildung erhielten und in künstlerischen und akademischen Berufen arbeiteten. Die Großeltern Schiff waren feste Größen im Musikleben Wiens und zählten zu den Mitbegründern der „Gesellschaft der Musikfreunde Wiens". Zu den Verwandten der Großmutter Karoline Schiff gehörte u.a. der Dirigent Bruno Walter (1876–1962). Jenny Schiff machte ihren Sohn mit der klassischen Musik vertraut. Popper selbst hatte eine beträchtliche musikalische Begabung geerbt und blieb sein Leben lang ein leidenschaftlicher Musikliebhaber. Er bezeichnet die Musik später als „eines der dominierenden Themen meines Lebens" (GW 15, 71 [A 71]) und er hielt sie, ebenso wie Schopenhauer und Nietzsche, für die höchste aller Künste.

Simon Popper und seine Frau Jenny wurden am 3. April 1892 in der Wiener Hauptsynagoge in der Seitenstettergasse getraut. Schon acht Jahre später, 1900, konvertierten die Eltern mit ihren beiden Töchtern, Emilie Dorothea (geb. 1893) und Anna Lydia (geb. 1898), zum Protestantismus, ein Akt, der auch unter liberalen Juden meist auf Ablehnung stieß. Karl, das dritte Kind und der einzige Sohn, wurde bereits in ein protestantisches Elternhaus hineingeboren.

Karl war ein hochbegabtes und zugleich hochsensibles Kind, das mit der in jener Zeit verbreiteten Pauk- und Züchtigungspädagogik große Schwierigkeiten hatte. Deshalb war es eine kluge Entscheidung der Eltern, ihn von seinem sechsten bis zu seinem elften Lebensjahr auf die „Freie Schule" zu schicken, eine von seinem Vater und dessen progressiven und liberalen Freunden geförderte Privatschule. Es war eine für das frühe 20. Jahrhundert außerordentlich liberale und fortschrittliche Schule, in der nicht der übliche Lerndrill herrschte, sondern die intellektuelle Neugier der Schüler geweckt wurde. Die Freie Schule war eine Insel der Reformpädagogik, in die der auch in österreichischen Schulen verbreitete Antisemitismus keinen Eingang fand.

Nach fünf Jahren „Freie Schule" ging Popper zunächst auf das mathematisch-naturwissenschaftlich ausgerichtete Realgymnasium im Dritten Bezirk. Wegen des langen Schulwegs wechselte er bereits 1914 auf das humanistische Franz Josef Gymnasium im heimischen Ersten Bezirk. Hier begann Poppers unglücklichste Zeit als Schüler. Sowohl konfrontiert mit der chauvinistischen Kriegspropaganda als auch mit den Anfeindungen seines antisemitischen Lateinlehrers reagierte Popper mit psychosomatischen Störungen und entwickelte eine ausgesprochene Abneigung gegen den Schulbetrieb. Im Herbst 1917 wechselte er frustriert wieder auf das Realgymnasium, das er ein Jahr später endgültig verließ.

Entscheidende geistige Impulse in Poppers früher Jugend gingen vom Elternhaus selbst aus. Hier wurden zahlreiche, lange wirkende Lektüreerlebnisse vermittelt. Dazu gehörte die literarische Sozialutopie *Ein Rückblick aus dem Jahre 2000 auf das Jahr 1887* von Edward Bellamy (1850–1898), die Poppers Vorstellungen von einer idealen und gerechten Gesellschaft beförderte. Wie viele Kinder im deutschsprachigen Raum, war der junge Karl auch ein begeisterter Leser von Karl May (1842–1912), über den er noch als Erwachsener stundenlang plaudern konnte. Eine besondere Rolle spielt die durch die Mutter vermittelte Bekanntschaft mit Selma Lagerlöfs (1858–1940) *Wunderbare Reise des kleinen Nils Holgersson mit den Wildgänsen*: „Viele, viele Jahre lang las ich das Buch mindestens einmal im Jahr; und im Lauf der Zeit las ich mehrere Male wahrscheinlich alles, was Selma Lagerlöf geschrieben hat."(GW 15, 8 [A 8])

Die elterliche Wohnung war ein Ort intensiver kultureller Anregung, des geistigen Austauschs und der intellektuellen Begegnung. Zahlreiche Musiker, aber auch Kollegen des Vaters und Bekannte aus dem Bereich der Wissenschaft, Kultur und Politik verkehrten im Hause Popper. Zu den engsten sozialen Kontakten der Familie gehörte Rosa Freud (1856–1939), die Schwester Sigmund Freuds. Unter Poppers Kindheitsbekanntschaften war auch Konrad Lorenz (1903–1989), der spätere Begründer der Verhaltensforschung. Popper und Lorenz verband eine lebenslange, von gegenseitigem Respekt getragene Freundschaft, die sich auch später in gemeinsamen Auftritten und Diskussionen niederschlug. Einfluss auf Poppers geistige Entwicklung hatten vor allem Arthur Arndt, ein Sozialist und Freund der Familie, und der Onkel Walter Schiff (1866–1950), Professor für Ökonomie an der Wiener Universität und Mitglied der reformerischen „Sozialpolitischen Partei".

Es war der 20 Jahre ältere Arthur Arndt, der den jungen Popper mit den Ideen des Sozialismus bekannt machte. Arndt, der als Student an den russischen Aufständen von 1905 teilgenommen hatte, nahm den jungen Karl mit auf die Treffen und Wanderungen der „Monisten", einer Gruppe von Freidenkern, die, philosophisch von Ernst Haeckel (1834–1919) und Ernst Mach geprägt, sich intensiv mit den Naturwissenschaften befassten und politisch sozialistisches Gedankengut vertraten.

Poppers Kindheit war anregend, materiell abgesichert, aber keineswegs unbeschwert. Der Vater war für den jungen Karl ein gesuchter intellektueller Gesprächspartner, der aber emotionale Distanz zu seinem Sohn hielt und aufgrund seines ausgefüllten Arbeitstages und seiner zahlreichen sozialen Verpflichtungen nur selten erreichbar war. Einzig zur Mutter entwickelte sich eine lebenslange enge emotionale Bindung. Offensichtlich gestört war das Verhältnis Karls zu seinen Schwestern, die er in seiner Autobiographie *Ausgangspunkte* mit keinem Wort erwähnt. Karl war ein eigenwilliges, auf Bevormundung und Kritik extrem gereizt reagierendes Kind, das sich Widernisse sehr zu Herzen nahm. Ausgeprägt war auch seine strenge Orientierung an moralischen Werten, die die Grenze zum Moralisieren zuweilen überschreiten konnte. Beide Schwestern hatten den gleichen starken Eigenwillen wie ihr jüngerer Bruder, ihr Hang zur künstlerischer Betätigung und schwärmerischer Sinnlichkeit vertrug sich aber offenbar schlecht mit dessen puritanisch-idealistischer Mentalität.

Poppers Kindheit endete unter dem Schatten des Ersten Weltkriegs. An seinem 12. Geburtstag, dem 28. Juli 1914, unternahm Karl mit den Monisten einen Fahrradausflug in die Wälder außerhalb Wiens. Bei seiner Rückkehr fand er einen Brief des Vaters vor, in dem dieser sich für seine Abwesenheit entschuldigte. Es war der Tag des Kriegsausbruchs. Poppers Vater teilte die allgemeine Kriegseuphorie nicht. Symptomatisch für die Endzeitstimmung, die sich im Hause Popper ausbreitete, ist eine Szene aus dem November 1916, als die gesamte Familie am Fenster stand und den Begräbniszug für den verstorbenen Kaiser Franz Jo-

seph beobachtete. Das Ende des alten Österreich war ein-
geläutet.

Porträt des Philosophen als junger Rebell

1918, am Ende des Ersten Weltkriegs, stand Österreich
vor einer radikalen Neuorientierung. Das Land gehörte zu
den Verlierern des Krieges, der Vielvölkerstaat löste sich
in einzelne Nationalstaaten auf und das deutschsprachige
Restösterreich blieb als europäischer Kleinstaat zurück.
Große Teile der österreichischen Intelligenz wie auch der
Bevölkerung hatten Mühe, sich mit diesem neuen Österreich zu identifizieren. Das Jahr 1918 war ein Jahr der Nie-
derlage, der sozialen und ökonomischen Verluste, aber
auch ein Jahr der Aufbruchsstimmung. Die in der k. und k.
Monarchie versteinerten gesellschaftlichen Strukturen
sollten nun aufgebrochen, die überfälligen politischen und
sozialen Reformen endlich angepackt werden.

Auch der junge Popper wurde von der allgemeinen
Aufbruchsstimmung erfasst. Mit dem Ende des Krieges,
als 16-Jähriger, vollzog er in seinem Leben einen radikalen
Schnitt. Er verließ Schule und Elternhaus und schloss sich
in den unruhigen Jahren 1918–20 der sozialistischen Ar-
beiterbewegung an. Die Familie hatte mit dem staatlichen
Zusammenbruch einen erheblichen materiellen Einbruch
erlitten. Der Vater hatte seine Ersparnisse verloren und
konnte seine Familie kaum noch ernähren. Die drei Kinder waren gezwungen, sich ihren Lebensunterhalt selbst
zu verdienen. Die beiden Schwestern erlernten Berufe, Dorothea wurde Krankenschwester, Anna Tanzlehrerin. Der
junge Karl entschloss sich, im Winter 1919/20 in das Ba-
rackenlager im Wiener Stadtteil Grinzing zu ziehen, um

seinem Vater finanziell nicht auf der Tasche zu liegen. Die Grinzinger Baracken, ein ehemaliges Armeehospital, erlangten Berühmtheit als Ort eines alternativen, gemeinschaftlich organisierten Lebens, das Studenten, Exilanten, politische Oppositionelle, Sozialisten und Kommunisten aller Art anzog. Die neuen Eigentümer gehörten selbst dem linken politischen Spektrum an und überließen die Unterkünfte mietfrei an Freunde und Bekannte.

Grinzing war für Popper Teil eines antibürgerlichen Lebensprojekts. Er war entschlossen, nicht nur den politischen Kampf der Arbeiterklasse, sondern auch die Bedingungen proletarischer Existenz zu teilen. Er begann damit, sein Geld als Straßenarbeiter, durch Privatstunden, vor allem aber im sozialpädagogischen Bereich zu verdienen. So arbeitete er in Sozialeinrichtungen der Freud-Schüler Siegfried Bernfeld (1892–1953) und Alfred Adler (1870–1937), die Betreuungsstätten für sozial benachteiligte Kinder in den Wiener Arbeiterbezirken gegründet hatten.

All dies stand im Zeichen des politischen Engagements. Der Marxismus des frühen 20. Jahrhunderts war noch keine tote Staats- und Machterhaltungsideologie, die die Diktatur einer Funktionärspartei rechtfertigte. Die Ausbeutung der Arbeiterklasse, die Marx beschrieben hatte, war im Wien des ausgehenden 19. und beginnenden 20. Jahrhunderts Realität. Popper wuchs in einer Stadt auf, die von großen sozialen Gegensätzen, von Armut, Wohnungsnot und Nationalitätenkonflikten geprägt war. „Eines der großen Probleme“, so schrieb er später, „die mich schon als Kind bewegten, war das fürchterliche Elend in Wien. Dieses Problem beschäftigte mich so stark, daß ich fast nie davon loskam … Männer, Frauen und Kinder hungerten und litten unter Kälte, Obdachlosigkeit und Hoffnungslosigkeit. Aber wir Kinder konnten nicht helfen.

Wir konnten nicht mehr tun, als ein paar Kreuzer zu er-
bitten, um sie den Armen geben zu können." (GW 15, 3f
[A 4]). Der Marxismus war für einen jungen, politisch interessierten Intellektuellen in zweierlei Hinsicht attraktiv:
Er entsprach dem Impuls nach sozialer Gerechtigkeit und
radikaler Veränderung und er lieferte gleichzeitig ein theoretisches Gerüst, mit dessen Hilfe man historische und
gesellschaftliche Entwicklungen erklären und einordnen
konnte.

Im Dezember 1918 war die „Freie Vereinigung Sozialistischer Mittelschüler" gegründet worden, der Popper
beitrat. Sie arbeitete eng mit anderen sozialistischen Or-
ganisationen zusammen und bewegte sich ideologisch auf
die Position der im November 1918 gegründeten Kommunistischen Partei Deutsch-Österreichs (KPDÖ) zu. Popper
wurde von der Parteiführung der KPDÖ als Botengänger
eingesetzt und erhielt so auch Einblicke in die Entschei-
dungs- und Machtmechanismen der Partei.

Poppers Flirt mit dem Kommunismus war intensiv, aber
nur von kurzer Dauer. Am 15. Juni 1919 kam es in der Wiener Hörlgasse zu einem blutigen Zusammenstoß zwischen
Anhängern der KP und der Polizei, ein Ereignis, das Popper später zu einem weltanschaulichen „Schlüsselerlebnis"
erklären sollte. In Wien tobte ein Machtkampf zwischen
regierenden Sozialisten und oppositionellen Kommunisten. Die Regierung hatte am Vortag des 15. Juni kommu-
nistische Parteiführer verhaften lassen. Demonstranten
belagerten am darauffolgenden Tag die Polizeistation in
der Hörlgasse, eine Aktion, die von der Parteiführung ins-
geheim als Putsch geplant war. Popper befand sich unter
den Demonstranten. Die Polizei erschoss 12 Demonstranten, über 80 wurden verletzt.

Wie Poppers unmittelbare politische Bewertung des Vorfalls war, lässt sich nicht mehr rekonstruieren. Als sicher kann gelten, dass er emotional erschüttert war. In seiner Autobiographie richtet er sich vor allem gegen die Haltung der kommunistischen Funktionäre, die solche Tote im Dienst der Sache rechtfertigten. Sie sahen sich als Diener eines historischen Determinismus, der dem Einzelnen lediglich die Rolle zuwies, durch „Einsicht in die Notwendigkeit" der historischen „Mission" der Arbeiterklasse zu dienen. Dies widersprach zutiefst Poppers Überzeugung, nach der es eine individuelle moralische Verantwortung den Opfern gegenüber gab. Hier waren dagegen Menschenleben leichtfertig für die Ideale anderer aufs Spiel gesetzt worden. Der Gegensatz zu den Parteifunktionären, denen es nicht um private Schicksale ging, sondern die sich als Werkzeuge des historischen Fortschritts sahen, war unüberwindlich: „Als ich jedoch in die Parteizentrale kam, traf ich dort auf eine ganz andere Einstellung: Die Revolution verlange solche Opfer; sie seien unvermeidlich. Zudem bedeute dies einen Fortschritt, denn es mache die Arbeiter noch wütender auf die Polizei und sorge dafür, dass sie sich des Klassenfeinds bewusst würden … Ich ging nie wieder dorthin: Ich war der marxistischen Falle entkommen." (LP 310). Die Abkehr vom Marxismus tat seinem sozialen Engagement jedoch keinen Abbruch und noch bis weit in die 30er Jahre bekannte er sich zu einem demokratischen Sozialismus.

In dasselbe Jahr fällt Poppers zweites, von ihm so genanntes „Schlüsselerlebnis". Die Erfahrungen mit Adler führten zu einer Desillusionierung und einer bleibenden kritischen Einstellung zur Psychoanalyse. Deren Thesen deckten sich nicht mit Poppers eigenen Erfahrungen im Umgang mit Kindern. Doch abweichende Beobachtungen veranlassten Adler nicht zu einer Korrektur seiner Theorie, sondern zu einer die Theorie bestätigenden Erklärung der Abweichung. Auch hier trat Abschottung und Immunisierung gegenüber Kritik an die Stelle einer offenen, rational-wissenschaftlichen Einstellung.

Eine rationale Einstellung verkörperte für Popper dagegen Albert Einstein (1879–1955), der für ihn immer ein leuchtendes Vorbild der Wissenschaftlichkeit blieb. Auch mit Einstein verbindet sich ein entscheidendes Erlebnis aus dem Jahr 1919. Popper war bis dahin ein Anhänger der Newtonschen Gravitationstheorie und der traditionellen euklidischen Geometrie gewesen. Am 29. Juni bestätigte sich durch die Beobachtung zweier englischer Astronomen in Brasilien eine Voraussage Einsteins, die seine Relativitätstheorie stützen sollte: dass nämlich die Lage von Fixsternen in unmittelbarer Nähe der Sonne während einer Sonnenfinsternis gegenüber der normalerweise beobachteten Lage abweicht, verursacht durch die von der Relativitätstheorie behauptete Krümmung der Lichtstrahlen. Was Popper faszinierte, war nicht nur, dass sich Einsteins Voraussagen bestätigten, sondern vor allem, dass er seine Theorie der Überprüfung durch die Erfahrung ausgesetzt hatte, dass er also das Risiko der Widerlegung eingegangen war.

Bis 1924 hatte sich Popper nicht auf einen bestimmten Lebensweg festgelegt, sondern experimentierte mit mehreren Lebensentwürfen. Noch ganz im Einklang mit seiner Sympathie für sozial nützliche Arbeit steht die Tischlerlehre, die er von 1922–1924 absolvierte. Die Arbeit in der Werkstatt des Tischlermeisters Adalbert Pösch deutete er im Nachhinein auch als eine philosophische Lehrzeit eigener Art. Pösch wurde ihm zu seinem persönlichen Wiener Sokrates: „Adalbert Pösch sah Georges Clemenceau zum Verwechseln ähnlich, aber er war ein sanfter und gutmütiger Mann. Nachdem ich sein Vertrauen gewonnen hatte, teilte er oft, wenn wir allein in der Werkstatt waren, seinen wahrhaft unerschöpflichen Schatz an Wissen mit mir … Ich vermute, dass ich über Erkenntnistheorie mehr von meinem lieben allwissenden Meister Pösch gelernt habe als von irgendeinem anderen meiner Lehrer. Keiner hat so viel dazu beigetragen, mich zu einem Jünger von Sokrates zu machen. Denn mein Meister lehrte mich nicht nur, dass ich nichts wusste, sondern auch, dass die einzige Weisheit, die zu erwerben ich hoffen konnte, das sokratische Wissen von der Unendlichkeit meines Nichtwissens war." (GW 15, 1 [A 1f]) Sokrates, der die Athener Bürger im 5. Jahrhundert v. Chr. in Gespräche über die Grundlagen ihres Wissens verwickelte, blieb immer, im Gegensatz zu Platon, ein philosophisches Vorbild Poppers. Sokratische Bescheidenheit gegenüber den eigenen Erkenntnisansprüchen wurde zur Grundlage seiner Erkenntnis- und Wissenschaftstheorie. In Anlehnung an die Aussage des Sokrates „Ich weiß, dass ich nichts weiß" formulierte er sein philosophisches Lebensmotto: „Ich weiß, dass ich nichts weiß – und kaum das."

Doch die Arbeit mit Meister Pösch lehrte ihn noch mehr: dass nämlich dem gesunden Menschenverstand der sogenannten „einfachen" Menschen oft mehr Vertrauen zu schenken ist als dem aufgeblasenen Jargon der akademischen Philosophen. „Das Schlimmste", so schrieb Popper später,- „die Sünde gegen den heiligen Geist – ist, wenn die Intellektuellen versuchen, sich ihren Mitmenschen gegenüber als große Propheten aufzuspielen und sie mit orakelnden Philosophien zu beeindrucken. Wer's nicht einfach und klar sagen kann, der soll schweigen und weiterarbeiten, bis er's klar sagen kann." (SbW 100). Dass Popper zeitlebens eine Abneigung gegen jargonbehaftete „orakelnde" Philosophie hatte und einer der sprachlich klarsten und lesbarsten Philosophen des 20. Jahrhunderts geworden ist, liegt auch in seiner ausgeprägt praxisorientierten Ausbildung begründet.

Ein zweiter ins Auge gefasster Lebensentwurf war der des Musikers. Für Popper, Spross einer Musikerfamilie, war der Umgang mit Musik seit früher Kindheit vertraut. Als Kind hatte er Violinstunden gehabt und sich das Klavier- und Orgelspielen selbst beigebracht. Im Herbst 1919 wurde er Mitglied in Arnold Schönbergs „Verein für musikalische Privataufführungen". Zu Schönbergs damaligen Schülern gehörte auch der spätere Komponist Hanns Eisler (1898–1962), wie Popper ein junger Sozialist, der in den Grinzinger Baracken wohnte. Popper hatte zunächst die Musik Mahlers und Schönbergs bewundert. Doch dem unmittelbaren Kontakt mit Schönberg folgte die Distanzierung. Poppers Abneigung richtete sich vor allem gegen das, was er später als „subjektivistische" und als „historizistische" Kunstauffassungen bezeichnen sollte. Danach ist Kunst zum einen Ausdruck der Persönlichkeit des Künstlers und zum anderen ist sie ein Teil einer ästhetischen Fortschrittsentwicklung, die durch die avantgardistischen Ausdrucksmittel der modernen Kunst verkörpert wird. In Schönberg sah Popper einen Repräsentanten beider Auffassungen. Er begann, Schönbergs Atonalität wie die gesamte Musik der klassischen Moderne vehement abzulehnen. Später hat er mehrfach Schubert als den letzten großen Komponisten bezeichnet.

1921 trennte sich Popper von Schönbergs Verein und schrieb sich an der Wiener Akademie für Musik und darstellende Kunst ein. Grundlage der Aufnahme war eine von ihm selbst komponierte, sich an Bach anlehnende Fuge. Doch auch das Musikstudium brach er schließlich ab, weil er sich für nicht begabt genug hielt.

Schließlich entschloss sich Popper zu einer Lehrerausbildung. Inzwischen hatte er 1922 die Matura, das Abitur, im zweiten Anlauf nachgeholt, nachdem er ein Jahr zuvor in den Fächern Latein, und, ironischerweise, in Logik durchgefallen war. 1924 schloss er eine doppelte Berufsausbildung ab: Er legte die Gesellenprüfung als Tischler ab und erwarb im selben Jahr an der Universität die Befähigung zum Grundschullehrer. Da es zunächst schwierig war, eine Lehrerstelle zu bekommen, nahm er 1924 eine Tätigkeit als Erzieher in einem Hort für schwer erziehbare Kinder auf und sammelte Erfahrungen in der pädagogischen Praxis. Diese Tätigkeit qualifizierte ihn auch für die Aufnahme in das neu gegründete Pädagogische Institut, wo er zunehmend mit philosophischen Fragen konfrontiert wurde. Es war weniger die Praxis, die fortan sein Leben dominierte. Der sozial engagierte junge Rebell begann sich auf die Philosophie zuzubewegen.

Von der Psychologie zur Erkenntnistheorie: Ein Seiteneinsteiger wird Philosoph

Das österreichische Schul- und Bildungswesen erlebte nach dem Ersten Weltkrieg eine durchgreifende Reform. Besonders im „roten" Wien, wo die Sozialisten die absolute Mehrheit hatten, wollten sie unter Federführung des Bildungsreformers Otto Glöckel (1874–1935) die autoritären Lehrmethoden durch ein Konzept ersetzen, das die aktive Mitarbeit der Schüler förderte und theoretisches Lernen mit praktischer Ausbildung verband. Ein Ergebnis dieser Reform war das 1925 neu gegründete Pädagogische Institut, eine autonome Lehrerausbildungsstätte, die das pädagogische Studium eng an die wissenschaftliche Ausbildung der Universität anbinden wollte. Bereits 1922 hatte Glöckel Karl Bühler (1879–1969), einen Vertreter der Gestaltpsychologie, aus Dresden an die Wiener Universität berufen. Bühler hatte in seiner Schrift *Die Gestaltwahrnehmung* (1913) die Auffassung vertreten, dass die Wahrnehmung von Objekten nicht durch eine passive Aufnahme von Sinnesdaten zustande kommt, sondern durch einen aktiven Prozess, der die Sinnesdaten zur Wahrnehmung der „Gestalt" eines Gegenstandes formt und verarbeitet. Die Gestaltpsychologie war auch Grundlage einer ganzheitlichen Theorie des Lernens, bei der dem Lernenden selbst eine aktive und schöpferische Rolle zukam. Nicht zuletzt wegen der aus der Gestaltpsychologie ableitbaren sozialreformerischen Pädagogik hielt man Bühler für geeignet, die von den Sozialisten in Gang gesetzte Reform der Grund- und Hauptschulen theoretisch zu fundieren. Der Besuch seiner Vorlesungen gehörte zum Pensum der Studenten am Pädagogischen Institut.

Popper gehörte zum ersten Studentenjahrgang des Instituts. Die pädagogische Reformbewegung entsprach seinen gesellschaftspolitischen Vorstellungen. Eine rein akademische Existenz lehnte er ab. „Ich habe nie ein Akademiker werden wollen", schrieb er viele Jahre später, „sondern ein Schullehrer in den Fächern Mathematik, Physik, Chemie, Biologie."[1] In diesen Fächern strebte er eine Lehramtsbefähigung für Hauptschulen an.

Er widmete sich der neuen Aufgabe mit Idealismus und der für ihn charakteristischen rigorosen Arbeitsethik. Zu Vergnügungen und einem leichten Leben konnte er nie ein Verhältnis gewinnen. Kaffeehäuser betrachtete er mit Naserümpfen. Bergsteigen statt Alkohol, Klassische Musik

---

[1] Brief an M. Morgenstern vom 17.12.1992 (privat).

statt frivolem Swing, ernsthafte Lektüre statt Trivialliteratur – das waren seine Prinzipien auch in der Freizeitgestaltung. Andererseits hat sich Popper nie gerne in eine von außen oktroyierte Disziplin gefügt, wenn sie nicht von der eigenen Einsicht getragen wurde. Sein Studium gestaltete er selbständig und behielt sich die Freiheit der Auswahl vor.

Neben seiner Lehrerausbildung absolvierte Popper gleichzeitig ein Psychologie- und Philosophiestudium an der Universität. Bereits mit seinem Schulabgang hatte er begonnen, Vorlesungen an der Wiener Universität zu hören, zunächst als Gasthörer, und ab 1922, nachdem er als „Externer" das Abitur nachgeholt hatte, als eingeschriebener Student. Bereits 1919 hatte er Einsteins Vorlesung in Wien gehört, ohne allerdings zunächst viel zu verstehen. Sein Freund und Kommilitone Max Elstein führte ihn in die Relativitätstheorie ein.

Seine Interessen waren breit gestreut und er schnupperte in den verschiedensten Fachrichtungen. Allerdings profitierte der bereits weit fortgeschrittene Autodidakt wenig von den meisten akademischen Veranstaltungen. „… ich habe von Jugend an versucht, philosophische Bücher, die mich faszinierten, zu lesen. Vor allem Schopenhauer und Kant. Später Eduard von Hartmann, insbesondere sein Buch über Physik, Schlick. Ich habe dann ein paar Vorlesungen in Wien versucht, fand sie aber langweilig, und kam in keiner über die 2. oder 3. Vorlesungsstunde hinaus – auch nicht bei Schlick, sehr im Gegensatz zu mathematischen Vorlesungen."[2] Seine positiven Erfahrungen im Fach Mathematik, in dem er auf „schöpferische Mathematiker von Weltruf" (GW 15, 50 [A 50]) traf, hingen eng

---

[2] Brief an M. Morgenstern vom 17.12.1992.

mit Hans Hahn (1880–1934), einem Vertreter des Wiener
Kreises, zusammen, der erst 1921 seinen Wiener Lehrstuhl
eingenommen hatte. Hahns Vorlesungen, so Popper, „erreichten einen Grad der Vollkommenheit, den ich nie wieder angetroffen habe." (GW 15, 50 [A 50]) Hahn machte
ihn u.a. mit Whiteheads und Russells *Principia Mathematica* vertraut, einem 1910–1913 erschienenen Werk, das
die Mathematik auf logische Prinzipien zurückführte und
gleichzeitig den Anstoß für eine logisch und wissenschaftlich orientierte Philosophie gab.

Für Popper war die Verbindung von Lehrerausbildung am Pädagogischen Institut und psychologisch-phi-
losophischem Studium an der Universität nicht nur eine
Pflicht, sondern entsprach auch weitgehend seinen Interessen. Seine individuelle Denkentwicklung wurde vor allem durch eine Auseinandersetzung mit zwei Strömungen
der zeitgenössischen Psychologie und Philosophie geför-
dert, die in der Tradition der Transzendentalphilosophie
Immanuel Kants standen. Popper setzte sich damit schon
sehr früh in einen Gegensatz zum Wiener Kreis, der in der
Tradition des Empirismus Humes und des Positivismus
des 19. Jahrhunderts stand.

Die philosophische Strömung, die den jungen Popper beeinflusste, war die von Jakob Fries (1773–1843) begründete Richtung des Neukantianismus, die in dem in
Göttingen lehrenden Leonard Nelson (1882–1927) einen
neuen herausragenden Vertreter hervorgebracht hatte.
Ihre Grundposition bestand in einer psychologischen
Kant-Deutung: Mit Kant erkannte man zwar apriorische
Prinzipien menschlicher Erkenntnis an, aber man verwarf
seinen Anspruch, einen philosophischen Beweis der Geltung dieser Prinzipien erbracht zu haben. Dagegen vertrat
man die Ansicht, dass apriorische Prinzipien durch eine

psychologische Analyse des Bewusstseins nur aufgewiesen, nicht aber bewiesen werden können. Nelson verschärfte diese Position zu seiner These von der „Unmöglichkeit der Erkenntnistheorie". Danach ist Erkenntnistheorie aus logischen Gründen außerstande, die Wahrheit von Grundprinzipien zu beweisen und damit ein sicheres Fundament der Erkenntnis zu liefern, weil jeder solche Beweis bereits voraussetzen muss, was er beweisen will, nämliche wahre Aussagen. Für Popper wurde diese Auffassung wichtig, weil die von ihr geleistete Kritik überzogener philosophischer Beweisansprüche sein späteres Plädoyer für kritische Rationalität und intellektuelle Bescheidenheit teilweise vorweggenommen hat. Darüber hinaus hat Nelson mit seiner Explikation der „sokratischen Methode", die er nicht nur als pädagogisches, sondern auch als allgemeines Instrument philosophischer Wahrheitssuche verstand, Poppers Denken beeinflusst. Wichtig wurde schließlich auch Nelsons politische Grundhaltung, die einen demokratischen Sozialismus mit den Werten des Liberalismus verband und jeden Nationalismus zugunsten eines aufgeklärten Kosmopolitismus ablehnte.

Kennen gelernt hat Popper die von Fries und Nelson vertretene Kant-Interpretation durch den Nelson-Schüler Julius Kraft (1898–1960). Als Kraft nach seiner Promotion seine Studien in Wien von 1924 bis 1926 fortsetzte, schloss er mit Popper eine lebenslange Freundschaft. In Kraft fand Popper einen Kenner der Fries-Nelson-Schule, mit dem er auch politische Themen diskutieren konnte.

Die psychologische Strömung, die das Denken des jungen Popper prägte, war die von Oswald Külpe (1862–1915) begründete Würzburger Schule der „Denkpsychologie", die, im Gegensatz zu der seinerzeit herrschenden Assoziationspsychologie, die aktive und autonome Rolle des Denkens gegenüber den „Sinnesdaten" betonte. Herausragender Vertreter dieser neuen Strömung der Psychologie war nach Külpes Tod Karl Bühler geworden. Außer durch seine Gestaltpsychologie hat Bühler auch mit seinen Schriften *Die geistige Entwicklung des Kindes* (1918) und *Die Krise der Psychologie* (1927) das Denken des jungen Popper stark beeinflusst. Doch für seine intellektuelle Entwicklung waren nicht nur Bühlers wissenschaftliche Lehren wichtig, sondern auch dessen Einfluss als akademischer Lehrer, der seine Fähigkeiten erkannte und förderte. Den Umgang und die Auseinandersetzung mit Bühler hat Popper als sehr anregend erlebt und daher vier Jahre lang an dessen Kolloquium teilgenommen. Noch der späte Popper hat durch Bühlers *Sprachtheorie* (1934) wichtige Impulse erhalten.

Neben Nelson und Bühler erlangte in dieser Zeit auch der Wiener Philosophieprofessor Heinrich Gomperz (1873–1942), der Sohn von Theodor Gomperz (1832–1912), einen wichtigen Einfluss auf Popper. Gomperz war mit einer am Positivismus Machs orientierten „Weltanschauungslehre" bekannt geworden. Popper hatte ihn 1926 kennen gelernt und traf sich mit ihm in den folgenden zwei Jahren wiederholt privat, um Manuskripte, die er ihm zuvor gegeben hatte, zu diskutieren. Gomperz half Popper dabei, sich auf den verschlungenen Pfaden der Psychologie und Erkenntnistheorie besser zurechtzufinden, ohne ihn in eine bestimmte Richtung zu lenken.

Anders als Popper in seiner Autobiographie *Ausgangspunkte* ein halbes Jahrhundert später suggeriert, war in dieser frühen Zeit der spätere Wissenschaftstheoretiker Popper kaum zu erkennen. Popper hat zwar die Entstehung der Grundgedanken seiner Philosophie auf die Schlüsselerlebnisse des Jahres 1919 datiert, doch mehr als eine vage Ahnung seiner Wissenschaftstheorie dürfte dies kaum gewesen sein. Poppers Arbeiten aus den 20er Jahren zeigen jedenfalls ein anderes Bild.

In der 1927 unvollendet vorgelegten pädagogischen Abschlussarbeit ,*Gewohnheit*' und ,*Gesetzeserlebnis*' *in der Erziehung* verfolgt Popper das anspruchsvolle Ziel, die Lerntheorie der Reformpädagogik durch die Einführung der auf Kant zurückgehenden Unterscheidung von „dogmatischem" und „kritischen" Denken besser zu fundieren. Die Reformpädagogik versteht, so wendet Popper ein, Kinder allzu sehr als freie, kritische Personen und übersieht damit das bei ihnen ausgeprägte dogmatische Denken. Indem er Bühlers entwicklungspsychologische Arbeiten mit seiner eigenen Erfahrung als Sozialarbeiter konfrontiert, stellt Popper als Hauptmerkmale dogmatischen Denkens bei Kindern die Suche nach Ordnung, den Glauben an Autoritäten und die Furcht vor Fremdem heraus. Nach Popper muss sich die Reformpädagogik der Frage stellen, wie Kinder vom dogmatischen zum kritischen Denken geführt werden können. Von Popper als Wissenschaftstheoretiker ist in dieser Arbeit noch nichts zu erkennen, doch nimmt die von ihm hier entwickelte Psychologie der dogmatischen Geisteshaltung bereits eine zentrale Komponente seiner Theorie der offenen Gesellschaft vorweg.

Im Sommer 1928 legte Popper seine Dissertation *Zur Methodenfrage der Denkpsychologie* vor. In dieser Arbeit, die zunächst als methodologische Einführung zu einem größeren Werk zur Denkpsychologie geplant war, bemüht sich Popper um die Klärung und Weiterentwicklung der Methodenlehre Bühlers. In seiner Schrift *Die Krise der Psychologie* (1927) hatte Bühler behauptet, ein Pluralismus von Methoden sei notwendig, um die verschiedenen Stufen der menschlichen Psyche (subjektive Erlebnisse, Verhalten, objektive geistige Gebilde) zu erforschen. Im

Anschluss an Bühler verfolgte Popper das Ziel, die Beziehungen zwischen den Wissenschaften sowie ihre methodologischen Grundregeln zu bestimmen, doch verwandte er die Hälfte der Arbeit darauf, die Gegenposition Schlicks zu kritisieren. Moritz Schlick (1882–1936) hatte nämlich in seiner *Allgemeinen Erkenntnislehre* (1918) den sogenannten „Physikalismus" vertreten, d.h. die Auffassung, dass alle wissenschaftlichen Erklärungen von Naturvorgängen, insbesondere auch psychologische Erklärungen von Bewusstseinsprozessen, zuletzt auf physikalische Erklärungen zurückgeführt werden können. Mit Bühler hat Popper diese Reduktion der Psychologie auf Physik entschieden zurückgewiesen und die Autonomie der Psychologie verteidigt. Auch gegenüber dem damit verbundenen Anspruch, die Methode der Physik zur allgemeinen wissenschaftlichen Methode zu erheben, hat Popper Bühlers Methoden-Pluralismus verteidigt.

Kurz nach der Fertigstellung der Dissertation scheint Popper sich darüber klar geworden zu sein, dass sein Versuch, mit Hilfe einer psychologischen Unterscheidung von Erkenntnisstufen eine logisch-methodologische Differenzierung der Wissenschaften zu erreichen, ihn in eine Sackgasse geführt hatte. Aus dieser Einsicht heraus vollzog er nun die Wende von der Psychologie zur Erkenntnistheorie: psychologische Fragen der Entstehung von Erkenntnis galten ihm nun als irrelevant für die erkenntnistheoretische Frage der Rechtfertigung der Erkenntnis. Fortan galt eine strikte Trennung von Erkenntnistheorie und Psychologie. Psychologischen Themen traten nun in Poppers Denken lange Zeit ganz zurück.

Die Hinwendung zu wissenschaftstheoretischen Fragen zeigt sich bereits in der zweiten pädagogischen Abhandlung *Axiome, Definitionen und Postulate in der Geometrie,* die Popper 1929 für seine Qualifikation als Lehrer für Mathematik und Physik an Hauptschulen verfasste. Popper geht hier von der Situation in der Mathematik seit der Entwicklung nicht-euklidischer Geometrien aus und diskutiert die Frage der Anwendbarkeit axiomatisch aufgebauter geometrischer Systeme auf die Realität. Im Rückgriff auf Arbeiten zur Logik und Mathematik von Rudolf Carnap (1891–1970) und Viktor Kraft (1880–1975) entwickelt er die Auffassung, dass die Erfahrung keine zwingende Entscheidung zwischen konkurrierenden geometrischen Systemen erbringen kann. Über die Frage der Anwendbarkeit geometrischer Systeme hatte Popper somit einen neuen Zugang zu methodologischen Problemen der Naturwissenschaften erreicht, doch spielte das Problem der Induktion dabei noch keine Rolle.

Im Jahr 1929 hat Popper zwar die Wende von der Psychologie zur Erkenntnistheorie vollzogen, doch die zentralen Thesen seiner späteren Wissenschaftskonzeption fehlen noch. Induktion und Verifikation werden nach wie vor als unproblematisch hingenommen und von Falsifikation ist noch keine Rede. Der Popper von 1929 war noch längst nicht der spätere Kritische Rationalist, aber der Pädagoge und Psychologe Popper war über einen Seiteneinstieg zum Philosophen geworden.

Eine Karriere als Berufsphilosoph war für Popper jedoch noch nicht in Sicht. Dazu fehlten ihm sowohl die sozialen Kontakte als auch die finanziellen Mittel. Hinzu kam. dass er inzwischen familiäre Verantwortung übernommen hatte.

Bereits zu Beginn seines Studiums am Pädagogischen Institut hatte er dort seine Kommilitonin Josefine Anna Henninger (geb. 1906) kennen gelernt, eine umworbene Sportstudentin, die von Freunden und Bekannten „Hennie" genannt wurde. Beide trafen sich in ihren reformerischen Grundeinstellungen. Hennie kam, verglichen mit Popper, aus den eher bescheidenen Verhältnissen des katholischen Kleinbürgertums. Ihr Vater Josef Henninger war Oberlehrer in Speising.

Karl und Hennie heirateten am 11. April 1930 und bezogen ein Wohnung in Hietzing im Westen Wiens, wo Hennies Mutter lebte. Es wurde eine kinderlose, aber enge und dauerhafte Verbindung. Hennies Lebensentwürfe waren sicher nicht von ehrgeizigen intellektuellen Projekten bestimmt. Doch sie stellte die eigenen Lebensvorstellungen zugunsten ihres Mannes zurück und begann mit der Zeit, sich ganz mit seiner Arbeit zu identifizieren. Sie tippte seine Manuskripte, kommentierte seine Arbeiten, regte ihn zu Projekten an und übernahm einen beträchtlichen Teil des Briefverkehrs mit Verlegern. Eine Hausfrau wurde sie nie. Sie hasste Hausarbeit und Kochen. Sie wurde vielmehr Poppers Managerin und Chefberaterin. Ihre Rolle für das Zustandekommen vieler Popperscher Werke ist beträchtlich. Popper selbst bezeichnete sie als „eine der strengsten Beurteiler meiner Arbeit" (GW 15, 102 [A 100]). Ihr widmete er auch die Neuauflage der *Logik der Forschung* nach dem Zweiten Weltkrieg. Welchen emotionalen Preis sie für das Leben im Dienst ihres Mannes zahlte, bleibt offen. Tatsache ist, dass sie immer wieder von depressiven Schüben betroffen war und auch den späteren Weggang aus Wien nie ganz verwinden konnte.

Nachdem er 1929 die Lehrbefähigung für Hauptschulen erworben hatte, trat Popper 1930, im Jahr seiner Heirat, in den Schuldienst. Er erhielt eine Stelle in der Schwegler Hauptschule im 15. Wiener Bezirk. Auch Hennie wurde in den Schuldienst übernommen. Mit zwei Lehrergehältern konnte man in der ökonomisch schwierigen Phase Ende

der 20er und Anfang der 30er Jahre ein mäßiges Mittel-
klasseauskommen sichern. Doch obwohl Philosophie als
Brotberuf für Popper in dieser Zeit noch undenkbar war,
ließen die Fragen der wissenschaftlichen Methode den
Hauptschullehrer Popper nicht los. Neben seiner Berufs-
arbeit begann er ein Buch zu schreiben, das zu einem der
bedeutendsten Werke der Wissenschafts- und Erkenntnistheorie des 20. Jahrhunderts werden sollte.

3. Wissenschaftstheorie
eines Außenseiters (1930–1936)

Im Orbit des Wiener Kreises

Die Entwicklung Poppers vom sozialreformerisch engagierten Pädagogen, der mit einer Arbeit über Methodenfragen der Psychologie promovierte, zum Wissenschaftstheoretiker und Philosophen ist nicht denkbar ohne die Beziehung zu dem sogenannten „Wiener Kreis", einer Gruppe von Wissenschaftlern und Philosophen, die für die Entwicklung der Philosophie im 20. Jahrhundert herausragende Bedeutung erlangen sollte und als die philosophische Variante der Wiener Moderne begriffen werden kann. Der Wiener Kreis versuchte eine Neubegründung des Positivismus mit Hilfe einer weiterentwickelten Logik und orientierte sich hierbei an dem Werk Gottlob Freges (1848–1925), an den *Principia Mathematica* Alfred N. Whiteheads (1861–1947) und Bertrand Russells (1872–1970) und an Ludwig Wittgensteins Frühwerk *Tractatus Logico-Philosophicus*.

Poppers Beziehung zum Wiener Kreis ist bis heute Thema einer Kontroverse. In den Jahren 1924–1930 stand der angehende Pädagoge durch Karl Bühler, Heinrich Gomperz und die Fries-Nelson-Schule unter dem Einfluss kantianischer Vorstellungen, die sich mit den empiristischen Grundauffassungen des Wiener Kreises nicht ganz vereinbaren ließen. In seiner Autobiographie *Ausgangspunkte* stellt Popper sich selbst als denjenigen dar, der den

ca. 1935

philosophischen Niedergang des Wiener Kreises eingeleitet und den Tod des Neopositivismus herbeigeführt habe. Andererseits beschäftigte er sich über Jahre hinweg mit den gleichen Fragen, die auch in den Diskussionen des Kreises eine Rolle spielten und versuchte, darauf eigene Antworten zu finden. Mitglieder des Kreises wie Rudolf Carnap sahen in Popper einen Anreger, schlimmstenfalls einen unbequemen Abweichler, in jedem Fall aber ein Mitglied der eigenen philosophischen Familie. Otto Neurath (1882–1945) bezeichnete ihn als die „offizielle Opposition" des Wiener Kreises. In jüngster Zeit hat man Poppers Werk sogar als die fruchtbarste Weiterentwicklung der Philosophie des Wiener Kreises und ihn selbst als ihren „legitimen Erben" bezeichnet. Unstrittig bleibt jedenfalls, dass es ohne Wiener Kreis den Philosophen Popper, den Begründer des Kritischen Rationalismus, nicht gegeben hätte.

Das Hauptanliegen des Wiener Kreises bestand darin, die Philosophie zu einer Wissenschaft zu erheben und damit, wie der Titel der Programmschrift von 1929 lautet, einer „wissenschaftlichen Weltauffassung" den Weg zu ebnen. Anders als die traditionellen Versuche von Descartes über Kant bis Husserl, die Philosophie als sichere, exakte Wissenschaft zu begründen, lehnte man jeden Versuch, a priori, also unabhängig von Erfahrung, Prinzipien und Gründe der Welt zu erfassen, als wissenschaftlich unhaltbares Scheinwissen strikt ab. In der Tradition des klassischen Empirismus und Positivismus betonte man, dass lediglich die empirischen Wissenschaften verlässliches Wissen über die Welt erlangen können. Neben David Hume und John Stuart Mill war es vor allem der seit 1896 in Wien lehrende Physiker und Philosoph Ernst Mach, der einflussreichste Vertreter des Positivismus im deutschen Sprachraum, der die empiristisch-positivistische Grundhaltung des Kreises prägte. Charakteristisch war die antimetaphysische Haltung, die sich besonders in der scharfen Ablehnung des Deutschen Idealismus und seiner Nachfolger, sowie in der Verbindung von moderner Logik und empiristischer Grundhaltung zeigte. Sie wurde als „logischer Empirismus" oder „logischer Positivismus" bezeichnet, um zu betonen, dass lediglich die empirischen Wissenschaften einerseits und Logik und Mathematik andererseits echtes Wissen liefern.

Mit Mach teilte der Wiener Kreis jedoch auch ein gesellschaftspolitisches Anliegen: Rationalität und Wissenschaftlichkeit sollten in alle Lebensbereiche Eingang finden und eine Reform gesellschaftlicher und politischer Institutionen befördern. Obwohl die Mitglieder des Kreises politisch unterschiedlich ausgerichtet waren, verband sie, ob als Liberale, als gemäßigte oder radikale Sozialisten, eine linke, reformerische Grundeinstellung.

Obwohl es bereits in den Jahren 1907 bis 1912 eine Vorform gab, entstand der eigentliche Wiener Kreis doch erst, als Moritz Schlick 1922 als Nachfolger von Mach auf den Lehrstuhl für Philosophie der induktiven Wissenschaften berufen wurde. Schlick, von Haus aus Physiker, war eine heitere, tolerante, hilfsbereite, aber auch zurückhaltende, distanzierte Person, der jede polemische Schärfe fremd war und die auf Grund ihrer wissenschaftlichen Kompetenz und ihrer Fähigkeit, im Meinungsstreit zu schlichten und zu vermitteln, zur Integrationsfigur des Kreises wurde. Ab 1924 fand unter seiner Leitung jeden Donnerstagabend ein Kolloquium in einem Raum der Universität statt, das aber nur für eigens von ihm eingeladene Teilnehmer zugänglich war.

Die Diskussionen in diesem „Schlick-Zirkel", dem eigentlichen Wiener Kreis, wurden, außer durch Schlick, vor allem durch den Soziologen Otto Neurath und den Logiker Rudolf Carnap bestimmt. Neurath war der politisch aktivste und radikalste unter den Mitgliedern, eine beeindruckende Persönlichkeit voller Tatendrang und Ideen, die all ihre Energien einsetzte, um aus dem Wiener Kreis eine öffentlich wirksame philosophische Bewegung zu machen, und dem Kreis eine sozialistische Ausrichtung zu geben versuchte. Im Gegensatz zu dem Aktivisten und Propagandisten Neurath war Carnap, der 1926 aus Berlin gekommen war, ein ruhig-gelassener, introvertierter Mensch, der ein spartanisches, fast asketisches Leben führte, aber von der Leidenschaft durchdrungen war, Klarheit, Exaktheit und Systematik in das dunkle, konfuse menschliche Denken zu bringen. Der Kampf des Wiener Kreises gegen die „Sinnlosigkeit der Metaphysik" trägt vor allem seine Handschrift.

Zum engeren Schlick-Zirkel gehörten, neben Carnap und Neurath, auch die Mathematiker Hans Hahn und Karl Menger (1902–1988), der Logiker Kurt Gödel (1906–1978), der Physiker Philipp Frank (1884–1966), der aus Prag herüberkam, sowie der Philosoph Viktor Kraft und die beiden Schlick-Schüler Herbert Feigl (1902–1988) und Friedrich Waismann (1896–1959). Im Laufe der Jahre zog der Kreis aber auch immer mehr ausländische Gäste und Anhänger an, die die Ideen des Logischen Positivismus in ihre Heimatländer trugen und nicht unerheblich die Philosophiegeschichte des 20. Jahrhunderts beeinflussten. Aus Polen kamen der Logiker Alfred Tarski (1902–1983), aus England Alfred J. Ayer (1910–1989) und aus den USA Willard Van Orman Quine (1908–2000), damals ein junger Doktorand der Harvard Universität.

Zu den Zielen des Kreises gehörte auch die öffentliche Verbreitung der eigenen Ideen, die Bildungsarbeit und Publikationstätigkeit. 1928 waren die Mitglieder des Kreises maßgeblich an der Gründung des „Vereins Ernst Mach" beteiligt, der in der Tradition des Namensgebers Philosophie als soziale Aufgabe begriff, sich den Zielen der Volksbildung und Reform verschrieb und durch Veröffentlichungen und Vorträge die Ideen des Kreises popularisierte. Rein wissenschaftlich ausgerichtet war dagegen die Zeitschrift *Erkenntnis*, die ab 1930 von Carnap und Hans Reichenbach (1891–1953), dem führenden Kopf der Berliner „Gesellschaft für empirische Philosophie", herausgegeben wurde. Auch gründete man eine eigene Publikationsreihe, die „Schriften zur wissenschaftlichen Weltanschauung", von denen unter Federführung von Schlick und Frank in der Zeit zwischen 1929 bis 1937 zehn Bände erschienen. Für die Organisation der „Internationalen Kongresse für Einheit der Wissenschaft" war vor allem Otto Neurath verantwortlich.

Der Wiener Kreis war jedoch keine monolithische Einheit, die nur mit einer Stimme gesprochen hätte. Seine Diskussionen standen vielmehr in einem Spannungsfeld verschiedener Ansichten und Persönlichkeiten. Eine besondere Rolle in der philosophischen Auseinandersetzung spielte dabei der *Tractatus Logico-Philosophicus*, das geniale Frühwerk des in Cambridge lebenden Ex-Wieners Ludwig Wittgenstein. In den Donnerstagssitzungen las man das Werk Zeile für Zeile. Sowohl Carnap und Schlick sahen in Wittgensteins Auffassung, dass nur die Aussagen der empirischen Naturwissenschaften sinnvolle Aussagen sind, eine Bestätigung und Vertiefung ihrer antimetaphysischen Haltung. Doch während Schlick den *Tractatus* und seine sprachphilosophische Ausrichtung, die die Aufgabe der Philosophie auf die Klärung des Sinns von Sätzen beschränkte, als epochemachende Leistung betrachtete, hielt Carnap den *Tractatus* in vieler Hinsicht für klärungsbedürftig. Entschieden abgelehnt hat dagegen Neurath Wittgensteins Position. Die mystischen Schlusspassagen des *Tractatus*, die das Schweigen vor den wesentlichen Fragen des Lebens als Resultat der Philosophie behaupten, kritisierte er als Ausdruck eines unhaltbaren metaphysischen Denkens. So war es denn auch kein Zufall, dass Wittgenstein bei Aufenthalten in Wien lediglich seine treuen Verehrer, insbesondere Schlick und Waismann, zu Gesprächen empfing, wohingegen Carnap wegen seines hartnäckigen Nachfragens bald unerwünscht war.

Wittgenstein gab mit seiner These, dass im Zeitalter der Wissenschaften für die Philosophie lediglich Probleme der Logik und Sprachanalyse übrig bleiben, den entscheidenden Anstoß zur Formulierung des sogenannten „Sinnkriteriums", das in den Diskussionen des Kreises zunehmend eine Rolle spielte. Mit Hilfe des Sinnkriteriums wollte man sinnvolle Aussagen von „Scheinsätzen" unterscheiden und damit eine Grenze zwischen Wissenschaft und Metaphysik ziehen. Kern dieses Sinnkriteriums war die „Verifizierbarkeit" von Sätzen und Theorien. Als sinnvoll gelten danach nur solche Aussagen, die grundsätzlich verifizierbar sind, d.h. über deren Wahrheit (bzw. Falschheit) durch logisch-empirische Methoden definitiv entschieden werden kann. Entsprechend sind Probleme, die sich prinzipiell einer Lösung entziehen, wie insbesondere die Fragen der Metaphysik, überhaupt keine sinnvollen Probleme, sondern bloße „Scheinprobleme". Die Mitglieder des Wiener Kreises betrachteten es nun im Allgemeinen auch als selbstverständlich, dass die Methode der empirischen Wissenschaften, mit deren Hilfe Naturgesetze „verifiziert" werden können, die Induktion ist. Ein Naturgesetz lässt

sich danach verifizieren, indem aus wiederholten Einzel-
erfahrungen allgemeine Gesetzmäßigkeiten „induktiv abgeleitet" werden. Für die Logischen Empiristen bildete die
induktive Methode daher den Kern ihres Verständnisses
von empirischer Wissenschaft.

Bis 1929 war die induktive Methode auch für Popper kein
ernsthaftes Problem, obwohl er sich in seiner Dissertation
und in seiner zweiten pädagogischen Abschlussarbeit um
die Analyse wissenschaftlicher Methoden bemüht hatte.
Diese Zuwendung zu Methodenfragen zeigt Einflüsse des
Wiener Kreises und sie war auch begleitet von Gesprächen
und Diskussionen, die er mit Mitgliedern des Wiener Kreises führte.

Bereits 1919 hatte er, noch als Mitglied der „Vereinigung
sozialistischer Mittelschüler", den aktiven Sozialisten Otto
Neurath kennen gelernt, der sich an der Münchner Räte-
republik beteiligt hatte und gerade aus München zurückgekehrt war. Während der 20er Jahre verfolgte Popper die
philosophischen Diskussionen des Wiener Kreises und
studierte zentrale Schriften des Logischen Positivismus,
insbesondere auch den bereits zum Kultbuch geworde-
nen *Tractatus*. Er hörte Vorlesungen bei Hans Hahn und
nahm 1928 an Seminaren Carnaps teil, dessen Bücher *Der
logische Aufbau der Welt* (1928) und *Scheinprobleme in der
Philosophie* (1928) er ebenfalls nach Erscheinen las.

Entscheidend für den persönlichen Zugang zu Mitgliedern des Wiener Kreises wurde das Jahr 1929. Über Heinrich Gomperz, selbst ein gelegentlicher Teilnehmer des
Schlick-Zirkels, lernte er Viktor Kraft kennen, ein Mitglied
des Kreises, der kurz zuvor die Schrift *Die Grundformen
der wissenschaftlichen Methoden* (1925) publiziert hatte.
Popper und Kraft trafen sich zu mehreren Diskussionen

im Wiener Volksgarten. Der junge philosophische Außenseiter erlebte dabei erstmals, dass ein namhafter Vertreter
des Kreises seine Ideen offenbar als wertvoll betrachtete.

Noch wichtiger und in Poppers Augen schicksalhaft
war der persönliche Kontakt zu dem gleichaltrigen Herbert Feigl, den ihm sein Onkel Walter Schiff vorstellte.
Popper und Feigl trafen sich nun regelmäßig. Sie unter-
nahmen nächtelange Spaziergänge in den Straßen Wiens, die dann in Feigls Appartment fortgesetzt wurden.
Sie stritten und diskutierten jeweils über Stunden, wobei
Popper unermüdlich versuchte, Feigl zu überzeugen, bis
dieser erschöpft nachgab. Zum ersten Mal begegnete Popper jemandem, der seine Ideen nicht nur als interessant
und bedenkenswert, sondern geradezu als revolutionär an-
erkannte. Feigl war von der Brillanz seines Altersgenossen
beeindruckt, doch wie viele Diskussionspartner Poppers
irritierte ihn dessen missionarischer und kompromissloser
Stil. Popper legte bei diesen Diskussionen höchsten Wert
darauf Recht zu behalten und sich dies auch bestätigen zu
lassen. Er kämpfte, bis der Kontrahent die Kapitulations-
urkunde unterzeichnet hatte und machte sich durch sein
aggressives Diskussionsverhalten nicht nur Freunde.

Hierin liegt auch ein wichtiger Grund für die auffal-
lende Distanz, die Schlick gegenüber Popper hielt. Popper
hatte als Student schon Veranstaltungen bei Schlick besucht, doch war es ihm nicht gelungen, bei diesem einen
bleibenden positiven Eindruck zu hinterlassen. Offenbar
nahm ihn Schlick zunächst als Schüler Bühlers wahr. Be-
zeichnend dafür ist die mündliche Prüfung für das Dokto-
rat in Psychologie und Philosophie, die Popper bei Bühler
und Schlick ablegte. Nicht von Schlick, sondern von Bühler wurde Popper während dieser Prüfung aufgefordert,
seine eigenen erkenntnistheoretischen Ideen vorzutragen.

Schlick prüfte dagegen lediglich philosophiegeschichtliches Wissen. Doch auch die beiden Charaktere vertrugen sich nicht. Schlick, ein eher sanftmütiger Charakter, fühlte sich durch Poppers Auftreten abgestoßen. Er lud ihn nie zu den Donnerstagstreffen ein, eine Missachtung, die Popper nicht vergaß.

Popper hätte sich durch eine Einladung Schlicks geehrt gefühlt. „Ich war nie Mitglied des Wiener Kreises, es ist aber ebenso ein Irrtum, wenn man annimmt, dass ich deshalb nicht Mitglied des Wiener Kreises war, weil ich gegen den Wiener Kreis war. Ich wäre sehr gern ein Mitglied des Wiener Kreises geworden. Tatsache ist einfach, dass Schlick mich nicht eingeladen hat, an seinem Seminar teilzunehmen. Das war nämlich die Form, in der man Mitglied des Wiener Kreises wurde." (OU 37) Es war die philosophische Diskussionswerkstatt des Wiener Kreises, die ihn dazu brachte, seine eigenen Überlegungen zur Wissenschaftstheorie philosophisch zu Ende zu denken und zu formulieren. Vor allem fühlte er sich dem Kreis in der wissenschaftlichen Grundorientierung und der aufklärerisch-rationalen Grundhaltung verbunden, die er besonders auf Russell zurückführte. „In dieser Einstellung, der Einstellung der Aufklärung, und in der kritisch-rationalen Auffassung von Philosophie von dem, was die Philosophie leider ist, und von dem, was sie sein sollte fühle ich mich noch heute mit dem Wiener Kreis verbunden, und besonders mit seinem geistigen Vater, Bertrand Russell." (GW 15, 127 [A 123f]) Wie der Wiener Kreis betonte auch er, dass die Philosophie sich nur mit echten Problemen beschäftigen dürfe.

Auch wenn Popper sich von Anfang an als entschiedener Gegner und Kritiker der positivistischen Philosophie des Kreises hervortat, beschränkte sich seine grundsätzliche Gegnerschaft doch hauptsächlich auf die von Wittgenstein bestimmte radikale Frühphase, die von dem positivistischen Programm der Zurückführung aller Erkenntnis auf Sinnesdaten und von der These der Sinnlosigkeit der Metaphysik geprägt war. Insbesondere lehnte er Wittgensteins Lösung einer sprachphilosophischen Reduzierung philosophischer Probleme radikal ab. Doch nach der Überwindung dieser radikalen Phase war Poppers Gegnerschaft zum Kreis kaum noch grundsätzlicher Natur. Carnap und Viktor Kraft haben Popper denn auch weniger als Gegner oder Abtrünnigen denn als Verbündeten und Mitarbeiter an dem gemeinsamen Projekt einer wissenschaftlich-rationalen Philosophie gesehen. Poppers Meinungsverschiedenheiten zu seinen „positivistischen Freunden und Gegnern" (GW 15, 128 [A 123]) haben seitdem mehr den Charakter von Familienstreitigkeiten gehabt. Popper war, sozusagen, ein mit dem Rationalismus Kants gezeugtes illegitimes Kind des Wiener Kreises, der später aus verschmähter Liebe die Elternschaft leugnete und seine eigenen Wege ging. Die Probleme und Fragen, die im Mittelpunkt seines Interesses standen, waren auch Fragen des Wiener Kreises: die Unterscheidung von Wissenschaft und Nicht-Wissenschaft und die Klärung der wissenschaftlichen Methoden.

Ab dem Jahr 1929 begann Popper, eigene Lösungsvorschläge zu diesen Problemen zu entwickeln. Obwohl die gedanklichen Schritte, die er zur Begründung seines Standpunktes unternahm, noch nicht im Einzelnen geklärt sind, darf man davon ausgehen, dass die Thematisierung des Induktionsproblems der entscheidende Moment war. Als Popper die Induktion als philosophisches Problem ernst zu nehmen begann und die Fragwürdigkeit der induktiven Methode durchschaute, hatte die Geburtsstunde der einflussreichsten Wissenschaftstheorie des 20. Jahrhunderts geschlagen.

Etwa im Jahr 1930 war in Popper der Gedanke gereift, seine Kritik des Logischen Empirismus und das Ergebnis seiner Diskussionen mit dem Wiener Kreis schriftlich niederzulegen. Die Entscheidung, mit der eigenen Position in die Öffentlichkeit zu gehen, veränderte nicht nur sein eigenes Leben. Sie veränderte auch das Gesicht der Philosophie im 20. Jahrhundert.

„Die Idee ein Buch zu schreiben"

Für einen jungen Hauptschullehrer, der, mitten in der Zeit der Weltwirtschaftskrise, die ökonomische Verantwortung für eine Familie übernommen hatte und durch Gesprächskreise nur über lose Kontakte zur Institution der Universität verfügte, war der Plan, ein grundlegendes Werk zur wissenschaftlichen Methodenlehre zu schreiben, alles andere als eine Selbstverständlichkeit. Popper selbst war ursprünglich weit davon entfernt, einen solchen Plan zu verfolgen: „Die Idee, ein Buch zu schreiben und es zu veröffentlichen, entsprach nicht meinem Lebensstil und auch nicht meiner Einstellung zu mir selbst. Mir fehlte das Vertrauen, dass das, was mich interessierte, für andere von hinreichendem Interesse sein würde." (GW 15, 117 [A 114]).

Es war Herbert Feigl, der bei einem der nächtelangen Spaziergänge mit Popper diesen zur Abfassung einer Schrift ermunterte. Sein Vater und seine Frau waren von diesem Vorhaben freilich nicht begeistert. Der Vater bezweifelte, ob ein solches Buch aus finanziellen Gründen je veröffentlicht würde, und Hennie fürchtete, dass ihr Mann in Zukunft für Freizeitunternehmungen wie Wandern und Bergsteigen keine Zeit mehr haben würde. Doch Popper war, entgegen allen Bescheidenheitsbekundungen, von der Bedeutung seiner Überlegungen überzeugt. Nur absoluter Glaube an sich selbst konnte unter den gegebenen Umständen ein solches Unternehmen motivieren. Hennie machte nun zum ersten Mal eine fortan charakteristische Erfahrung, dass nämlich ihr gemeinsames Leben der philosophischen Arbeit ihres Mannes untergeordnet wurde.

Mit dem für ihn typischen unermüdlichen Arbeitseifer begann Popper, seine Gedanken und seine Kritik an den Ansichten des Wiener Kreises systematisch auszuarbeiten. Für sein neues Projekt opferte er jede freie Minute. Auf Ausflügen ins Wiener Umland nahm er die Schreibmaschine mit, die er in den Lokalen, in denen man Rast machte, aufstellte, um an seinem Manuskript weiterzutippen. Die erstaunten übrigen Gäste nannten ihn den „Mann mit dem Grammophon".

Die erste Fassung des Manuskripts entstand zwischen Februar 1931 und Juni 1932. Die Arbeit ging zunächst rasch voran, zu rasch, wie sich bald zeigen sollte. Als er die schnell zu Papier gebrachten ersten Kapitel einem ehemaligen Kommilitonen vom Pädagogischen Institut, Robert Lammer, zu lesen gab, kritisierte dieser die Darstellungen als unklar. Popper nahm sich diese Kritik fortan zu Herzen. Schopenhauer und Russell wurden nun die lebenslangen Vorbilder in seinem Bemühen um größtmögliche Klarheit.

Es ist auch kein Zufall, dass er den Titel des Manuskripts, *Die beiden Grundprobleme der Erkenntnistheorie,* in Anspielung auf Schopenhauers Buch *Die beiden Grundprobleme der Ethik* wählte. Gemeint waren das Induktionsproblem sowie das von Popper so genannte „Abgrenzungsproblem", also das Problem der Unterscheidung von Wissenschaft und Nicht-Wissenschaft.

Dieses erste für die Veröffentlichung bestimmte Werk Poppers enthält bereits die zentralen Lehren seiner Wissenschaftstheorie. Wie in dem späteren Hauptwerk *Logik der Forschung* trägt er seine Kritik der Induktion vor, ersetzt die induktive Methode durch die deduktiv-hypothetische Methode und schlägt die Falsifizierbarkeit als Abgrenzungskriterium vor. Verglichen mit der *Logik* nimmt in den *Grundproblemen* die Kritik an den Lehren des Wiener Kreises und an den positivistischen Strategien, das Induktionsproblem zu entschärfen, einen viel größeren Raum ein. Vor allem die Versuche, allgemeine Naturgesetze als „Wahrscheinlichkeitsaussagen" oder als bloße „Scheinsätze" zu begreifen, werden von Popper einer minutiösen und scharfsinnigen Kritik unterzogen.

Eine weitere Besonderheit der *Grundprobleme* besteht darin, dass Popper hier eine Analyse und Revision der Transzendentalphilosophie Kants vornimmt, die die von Konrad Lorenz begründete Evolutionäre Erkenntnistheorie in wesentlichen Teilen vorwegnimmt. Kants Auffassung, dass der menschliche Geist vor aller Erfahrung über Kategorien verfügt, die ihm nur eine subjektive Sicht der Welt erlauben, muss nach Popper im Sinne eines „genetischen Apriori" gedeutet werden. Die Behauptung Kants, dass die apriorischen Formen des Verstandes Geltung für alle Erfahrung haben müssen, kann nun nicht mehr aufrecht erhalten werden. Wenn z.B. das Kausalprinzip, dass jedes Ereignis eine Ursache hat, im menschlichen Geist genetisch verankert ist, dann bedeutet dies zwar im Sinne Kants, dass der Mensch mit der angeborenen Erwartung, dass jedes Ereignis verursacht ist, die Welt betrachtet, aber dies heißt nicht, dass dieses Prinzip in der Natur tatsächlich allgemein gültig sein muss.

Im Gegensatz zu den Vertretern des Kreises betrachtete sich Popper dennoch als einen „unorthodoxen Kantianer" (GW 15, 117 [A 113]). Der Verstand kann zwar nicht, wie Kant meinte, der Natur seine Gesetze gleichsam zwingend vorschreiben, aber er ist doch aktiv bei der Erforschung der Welt, indem er Hypothesen und Theorien entwirft. Theorien sind daher Produkte des Verstandes und keineswegs bloß Abbilder der äußeren Wirklichkeit, wie Empirismus und Positivismus annehmen. Poppers Revision von Kants Position bedeutet ferner eine Preisgabe der These der Unerkennbarkeit der Wirklichkeit („Ding an sich"). Da Theorien durch Erfahrung falsifiziert werden können, so müssen Erfahrung und Falsifikation als Zusammenstöße mit der Realität verstanden werden. An die Stelle von Kants Lehre vom unerkennbaren Ding an sich setzte Popper die These vom hypothetischen Charakter aller Wirklichkeitserkenntnis.

Die *Grundprobleme* bedeuteten den Durchbruch Poppers zu einer eigenständigen philosophischen Position. Doch von der Fertigstellung des Manuskripts im Sommer 1932 bis zu seiner Veröffentlichung standen ihm noch mehr als zwei Jahre der Unsicherheit, Rückschläge und Enttäuschungen bevor.

Popper ließ zunächst das umfangreiche Manuskript unter Freunden und Bekannten, darunter auch Mitgliedern des Kreises, zirkulieren. Besonders Carnap und Feigl erkannten die Bedeutung des Textes. Im Sommer 1932 besuchten Popper und Feigl Carnap in seinem Urlaubsort Burgstein in Tirol, wo es im Rahmen von Bergwanderungen zu ausführlichen Diskussionen kam. Carnap, seit 1931 in Prag, genoss es wieder in Österreich zu sein, wo er als

Philosoph seine glücklichsten Jahre verbracht hatte. Die Atmosphäre war entspannt, freundschaftlich und intellektuell anregend. So diskutierte man halb ernst-, halb scherzhaft die Frage, ob der Satz „Dieser Stein denkt an Wien", wie Popper meinte, bloß falsch, oder, nach Ansicht Carnaps, schlicht sinnlos ist. Auch verteidigte Popper seine radikale Induktionskritik gegenüber Carnap wie üblich bis aufs Messer. Dieser war dennoch fest entschlossen, den jungen Kritiker nun auch sozial in den Wiener Kreis zu integrieren und seine Thesen für die Diskussionen innerhalb des Schlick-Zirkels fruchtbar zu machen. Er schrieb als Replik auf Poppers noch unveröffentlichtes Manuskript den Aufsatz „Über Protokollsätze", der noch 1932 / 33 in der Zeitschrift *Erkenntnis* erschien. Darin stimmte er Popper in dem wesentlichen Punkt zu, dass alle wissenschaftlichen Aussagen, also auch die Beobachtungen und Experimente beschreibenden „Protokollsätze", Vermutungen sind.

Popper blieb Carnap stets dankbar dafür, eine seiner zentralen Ideen publik gemacht und gewürdigt zu haben, bevor sein erstes Buch überhaupt erschienen war. Ungeachtet der späteren Kontroversen mit Carnap hat Popper diesen scharfsinnigen Logiker stets geschätzt und bewundert. Die Beziehung zwischen beiden blieb auch während der Zeit des Zweiten Weltkriegs und danach erhalten.

Carnap war es auch, der eine Präsentation Poppers vor Mitgliedern des Wiener Kreises betrieb. Dies geschah im Dezember 1932 in dem von Heinrich Gomperz geleiteten Diskussionskreis, auf sozusagen neutralem Territorium. Popper sollte seine Thesen vor den Augen Schlicks, der ausdrücklich eingeladen war, referieren. Dabei ging es nicht nur um eine soziale Einführung Poppers, sondern auch darum, Schlick dafür zu gewinnen, die Publikation des Manuskripts zu unterstützen.

Doch in der ihm eigentümlich kompromisslosen Art verscherzte sich Popper an diesem Abend die Sympathien Schlicks endgültig. Weit davon entfernt, den Vertretern des Kreises nach dem Munde zu reden, kritisierte er vielmehr die philosophische Grundposition des Wiener Kreises und attackierte besonders scharf Wittgenstein, dem er vorwarf, sich wie die katholische Kirche zu verhalten, indem er die Diskussion über alle Themen verbieten wolle, für die er keine Lösung habe. Empört über Poppers Ausfall gegen Wittgenstein verließ Schlick vorzeitig die Veranstaltung. Die Tür zu Schlicks Donnerstagskreis war endgültig zugeschlagen.

Es hatte sich inzwischen herumgesprochen, dass dieser junge, eigenwillige Hauptschullehrer eine umfangreiche Kritik an den positivistischen Lehren des Kreises geschrieben hatte. Zu den Mitgliedern des Kreises, die Poppers Manuskript vor der Veröffentlichung lasen, gehörten auch Neurath und Frank, zu dem er, ebenso wie zu Friedrich Waismann und Hans Hahn, neue persönliche Kontakte knüpfte.

Doch Poppers größtes Problem in dieser Zeit blieb die Suche nach einem Verleger. Er versuchte alles, ließ bei mehreren Verlagen in Deutschland und Österreich anfragen, doch er erhielt, meist aus ökonomischen Gründen, von überall her Absagen. Die ungünstigen Prognosen seines Vaters schienen sich zu bestätigen. Verkompliziert wurde die Lage noch dadurch, dass Popper das Manuskript immer wieder veränderte, indem er neue Einwände und Ergebnisse aus Diskussionen einarbeitete.

Zu seiner depressiven Verfassung nach Abschluss des Manuskripts trugen auch private Schicksalsschläge bei. Am 22. Juni 1932 starb sein Vater. Kurze Zeit darauf beging seine Schwester Dora, von einer gescheiterten Ehe aus

Merseburg nach Wien zurückgekehrt, Selbstmord. Popper musste nun, mitten in einer für ihn selbst höchst unsicheren existentiellen Phase, auch die ökonomische Verantwortung für seine Mutter schultern. Dazu kam die kontinuierliche Verschlechterung der politischen Großwetterlage. Im Januar 1933 ergriff Hitler die Macht in Deutschland, ein Vorgang, der auch die innenpolitische Situation Österreichs beeinflusste. Popper befand sich nervlich in einer äußerst angespannten Situation.

Es spricht für den Charakter Schlicks, dass ausgerechnet er, der der Person und den Ansichten Poppers ausgesprochen kritisch gegenüberstand, schließlich die Publikation der *Grundprobleme* in die Wege leitete. Popper selbst hatte sich nach langem Zögern bereit erklärt, Ende des Jahres 1932 Schlick das Manuskript zur Lektüre zu überlassen. Wohl aus Verärgerung über Poppers Auftreten las dieser es erst im April 1933. Doch dann erkannte er neidlos den Wert der Arbeit an und befürwortete seine Veröffentlichung innerhalb der von ihm selbst herausgegebenen Reihe „Schriften zur wissenschaftlichen Weltauffassung". Am 30. Juni 1933 wurde der Verlagsvertrag unterzeichnet.

Doch ein weiteres Drama begann: Der Verlag forderte eine radikale Kürzung des Manuskripts auf 240 Seiten und Popper sollte sich dabei von Schlick beraten lassen. Doch Popper war nicht fähig, die Sache pragmatisch anzugehen. Wie auch später in ähnlichen Fällen, konzentrierte er sich ganz auf die inhaltlichen Aspekte, auf die Auseinandersetzung mit seinen argumentativen Gegnern. Statt die Kürzung anzugehen, dachte er daran, das Manuskript um ganz neue Teile zu erweitern, womit er einige seiner Freunde in Verzweiflung stürzte. Eine Kontroverse mit dem Physiker Hans Reichenbach veranlasste ihn seine Haltung zur Wahrscheinlichkeitstheorie und Quantenphysik in die Neufassung einzubeziehen. Er schickte Julius Kraft ein Exposé und teilte diesem am 11. Juli 33 mit, dass er gedenke, praktisch ein neues Buch zu schreiben. Als Carnap von Poppers neuen Plänen hörte, riet er ihm dringend ab und drängte auf die Fertigstellung des Manuskripts. Die *Grundprobleme* erlebten dennoch mehrere Umarbeitungen. Die Diskussionen um die ursprüngliche Gestalt des fragmentarischen zweiten Teils der *Grundprobleme* und um eine sogenannte *Ur-Logik* beschäftigen bis heute die Popper-Forschung.

Der Verlag hatte Popper für die Kürzung einen Termin zum 1. März 1934 gesetzt. Zu diesem Zeitpunkt arbeitete er jedoch immer noch an neuen Teilen über die Wahrscheinlichkeitstheorie. Ein unfertiges Manuskript gab er im April an den Verlag, arbeitete aber dessen ungeachtet weiter an Verbesserungen und Veränderungen. Im Sommer erhielt er das Manuskript wieder zurück mit der Auflage, es um ein Drittel zu kürzen. Nun nahm sich sein alter Mentor und Onkel Walter Schiff der Sache an. Er kürzte das Buch auf die geforderte Länge. Besonders in den ersten fünf Kapiteln ist seine stilistische Handschrift erkennbar, in der kurze Satzperioden, unterbrochen von zahlreichen Semikolons, dominieren.

Das Ergebnis dieser Bearbeitung war fast ein neues Buch, das, mit dem Datum 1935 versehen, bereits im November 1934 erschien. Es sollte zum Standardwerk der modernen Wissenschaftstheorie werden und Poppers Ruhm als Wissenschaftstheoretiker begründen. Auch einen neuen Titel hatte Popper inzwischen gewählt: *Logik der Forschung*. Das ursprüngliche Manuskript bewahrte er auf und veröffentlichte es ein halbes Jahrhundert später, im Jahr 1979, unter dem ursprünglichen Titel *Die beiden Grundprobleme der Erkenntnistheorie*.

Der neue Titel hatte programmatische Bedeutung. „Logik" meint hier weder die von Aristoteles begründete „formale Logik" noch die „transzendentale Logik" Kants, sondern „Erkenntnis- oder Forschungslogik". Gemeint ist damit eine Lehre, die die Regeln formuliert, die man befolgen muss, wenn man erfolgreich empirische Forschung betreiben will. „Logik der Forschung" ist demnach eine Methodenlehre der empirischen Wissenschaften. Diese methodologische Konzeption von Wissenschaftstheorie ist gegen die Auffassung gerichtet, Aufgabe von Erkenntnis- und Wissenschaftstheorie sei es, das Zustandekommen von Erkenntnis zu beschreiben und zu erklären. Diese Auffassung findet sich beispielsweise bei Ernst Mach, dessen Buch *Erkenntnis und Irrtum* (1905) den Untertitel „Skizzen zur Psychologie der Forschung" trägt. Popper will einen solchen „Psychologismus" jedoch gerade ausschalten. Mit Bezug auf eine Bemerkung Kants betont er, dass die Erkenntnistheorie sich nicht mit der Frage der faktischen Entstehung („quid facti"), sondern der Rechtfertigung oder Begründung von Erkenntnis („quid juris") zu beschäftigen habe. Für die Frage, ob eine Erkenntnis gültig ist, also begründet und gerechtfertigt werden kann, ist die Frage ihres Zustandekommens unerheblich.

Die Probleme der Induktion und der Abgrenzung von Wissenschaft und Metaphysik nehmen auch in der *Logik der Forschung* einen zentralen Platz ein. In zwei wichtigen Punkten geht die *Logik* aber über die *Grundprobleme* hinaus. Zunächst widmet Popper den methodologischen Konsequenzen seiner Position breiteren Raum und sodann nimmt er in umfangreichen Kapiteln Stellung zur Wahrscheinlichkeitstheorie und zu Fragen der Quantenmechanik.

Ausgangspunkt von Poppers Überlegungen ist seine
Grundthese, dass die Induktion nicht die Methode der Naturwissenschaften ist und dass es insbesondere keine „induktiven Beweise" von Naturgesetzen gibt. Um die Unhalt-
barkeit der induktiven Methode zu zeigen, greift Popper
auf David Hume zurück und erneuert dessen Kritik. Der
Kern des Induktionsproblems besteht in der Frage, ob die
Geltung allgemeiner Aussagen durch „induktive Schlüsse",
d.h. durch Schlüsse vom Besonderen aufs Allgemeine, gerechtfertigt werden kann. Damit stellt sich folgende Problemsituation: Um von dem Satz „Alles bisher beobachtete
Kupfer leitet Elektrizität" auf die Allaussage „Alles Kupfer
leitet Elektrizität" logisch gültig schließen zu dürfen, wäre
eine weitere allgemeine Prämisse erforderlich, die so etwas
wie die Gleichförmigkeit des Naturverlaufs in Vergangenheit und Zukunft behauptet. Eine solche Prämisse, die als
„Induktionsprinzip" (oder auch als „Uniformitätsprinzip")
bezeichnet wird, kann jedoch, und das ist die Pointe von
Poppers Kritik, nicht ohne logischen Fehler bewiesen werden. Denn entweder setzt man dieses Prinzip einfach als
gültig voraus, dann kann freilich von einem Beweis keine
Rede sein. Oder man versucht es seinerseits empirisch zu
begründen, dann dreht man sich jedoch im Kreis, indem
das, was die Voraussetzung induktiver Verallgemeinerun-
gen ist, selber induktiv zu begründen versucht wird. Die
Bedeutung dieser Kritik liegt darin, dass es keine Möglichkeit gibt, die für alle Induktionsschlüsse notwendige
Gleichförmigkeit des Naturverlaufs logisch oder rational
zu beweisen. Die Zukunft *könnte* auch ganz anders aus-
fallen. Dies bedeutet, dass wissenschaftliche Theorien niemals als wahr bewiesen werden können.

Die Kritik an der Induktion liefert Popper auch den
Schlüssel zur Lösung des Abgrenzungsproblems. Wis-

senschaftlich sind Theorien nicht dadurch, dass sie verifizierbar, sondern falsifizierbar sind, d.h. an der Erfahrung scheitern können. Gegen das positivistische Sinnkriterium setzt Popper seinen Vorschlag, Wissenschaft und Metaphysik mittels des Kriteriums der Falsifizierbarkeit abzugrenzen. Wissenschaftliche Theorien können durch Erfahrung überprüft und falsifiziert werden. Metaphysik lässt sich demgegenüber durch Erfahrung nicht kontrollieren, sie ist vielmehr gegen jede auf Erfahrung basierende Kritik „immun". Metaphysik ist damit nach Popper aber keineswegs sinnlos oder wertlos. Es gibt auch metaphysische Ideen, wie z.B. den Atomismus, die sich als fruchtbar für die Wissenschaft erwiesen haben, obwohl sie ursprünglich rein spekulativ waren.

Popper wendet sich in diesem Zusammenhang vor allem gegen die auf Wittgenstein zurückgehende Auffassung, dass metaphysische Aussagen, da nicht verifizierbar, „sinnlose Scheinsätze" sind. Popper kritisiert, dass sich diese Unterscheidung von Wissenschaft und Metaphysik auf eine verfehlte Auffassung von Induktion stützt. Indem der Wiener Kreis im Anschluss an Wittgenstein das Sinnkriterium mittels des Begriffs der Verifizierbarkeit fasste, definierte er das Sinnkriterium „induktionslogisch". Da es jedoch nach Popper keine „induktiven Beweise" gibt, läuft diese Auffassung ungewollt darauf hinaus, auch wissenschaftliche Allaussagen als sinnlos, da nicht verifizierbar, zu fassen.

Die Auseinandersetzung mit dem Problem der Induktion führt Popper zu einer Revolution in der Wissenschaftstheorie: An die Stelle der induktiven Methode setzt er die sogenannte „deduktiv-hypothetische Methode der Nachprüfung". Diese Methode geht davon aus, dass allgemeine Naturgesetze „Gesetzeshypothesen" sind, die an ihren Folgerungen zu überprüfen sind. Sie ist deduktiv, weil allgemeine Naturgesetze als Prämissen aufgefasst werden, aus denen Aussagen über konkrete Ereignisse deduktiv abgeleitet werden; sie ist hypothetisch, weil Naturgesetze als Gesetzeshypothesen zwar falsifiziert, aber nicht verifiziert werden können.

Vermutungscharakter haben nach Popper aber nicht nur Naturgesetze, sondern auch wissenschaftliche Beschreibungen von Beobachtungen und Experimenten. Indem er auch wissenschaftliche Aussagen über konkrete Ereignisse („Basissätze") ausdrücklich als fehlbar betrachtet, wird der hypothetische Charakter zum universalen Merkmal der Wissenschaften. Die Wissenschaften müssen sich also bescheiden: Weder können sie ihre Theorien und ihre Deutungen der Wirklichkeit beweisen, noch können sie ihr „Gebäude des Wissens" auf ein felsenfestes, ein für allemal gesichertes Fundament errichten.

Aus der Ersetzung der induktiven Methode durch die deduktiv-hypothetische Methode hat Popper wichtige Folgerungen für die wissenschaftliche Methodenlehre gezogen. Entscheidend ist dabei zunächst sein Grundgedanke, dass wissenschaftliches Vorgehen darin besteht, Hypothesen und Theorien zu überprüfen. Es ist wichtig sich die Umkehrung der Zielsetzung klar zu machen: Wissenschaftler sollen ihre Theorien so formulieren, dass sie sich möglichst gut empirisch überprüfen lassen, und sie sollen nicht nach Bestätigungen ihrer Theorien suchen, weil fast jede Theorie mit irgendwelchen Aspekten der Wirklichkeit übereinstimmt, sondern es kommt darauf an, die Theorien möglichst harten Tests auszusetzen. Nur wenn sie sich in neuen, unerwarteten Bereichen bewähren, können sie Anspruch darauf erheben, die Wirklichkeit adäquat zu erfassen.

Dass wissenschaftliche Theorien durch Erfahrung widerlegbar sein müssen, heißt freilich nicht, dass in der Praxis bei einer einzigen widersprechenden Beobachtung eine Theorie gleich aufzugeben wäre. Das klassische Beispiel hierfür ist die Entdeckung des Planeten Neptun im 19. Jahrhundert. Mit Hilfe des Newtonschen Gravitationsgesetzes konnten die Planetenbewegungen genau berechnet werden. Plötzlich entdeckte man jedoch, dass die Umlaufbahn des Uranus nicht mit den Prognosen übereinstimmte. Ansonsten war die Newtonsche Theorie jedoch hervorragend bewährt. Sollte sie deswegen als falsifiziert aufgegeben werden? Man tat es nicht und man lag damit richtig. Man vermutete, dass ein bisher unbekannter Planet die Umlaufbahn des Uranus störte. Man nahm die Beobachtungsdaten und berechnete die Größe und die Umlaufbahn des unbekannten Planeten. Und tatsächlich entdeckte man Neptun im Jahr 1846. Dies war eine glänzende Bestätigung Newtons. Popper zieht daraus den Schluss, dass man bewährte Hypothesen bei auftretenden Schwierigkeiten nicht leichtfertig aufgeben darf. Nur ein Festhalten an Theorien um jeden Preis, also die „Immunisierung" von Theorien ist nach Popper verboten.

Mit *Logik der Forschung* hatte ein junger Außenseiter die Frage des Wiener Kreises nach „Wissenschaftlichkeit" aus der Sackgasse der Induktion und Verifizierbarkeit geführt.

Persönlicher Erfolg, politische Götterdämmerung

Das Erscheinen der *Logik der Forschung* verschaffte Popper die Anerkennung der Fachwelt, internationale Kontakte und schuf die Voraussetzung für seine akademische Karriere. Die Jahre 1934 bis 1936 waren jedoch auch durch die Ausbreitung des Faschismus und die Zerschlagung der demokratischen Öffentlichkeit in Mitteleuropa gekennzeichnet, ein Prozess, durch den der Mensch und der Wissenschaftler Popper in höchstem Maße gefährdet wurde.

Noch vor Veröffentlichung der *Logik* hatte Neurath auf Druck Carnaps schließlich eingewilligt, Popper 1934 zur Vorkonferenz des „Internationalen Kongresses für Einheit der Wissenschaft" nach Prag einzuladen. Popper traf am 31. August in Prag ein, mit dem vollständigen, aber noch unveröffentlichten Manuskript in der Tasche. Doch noch war er für die Teilnehmer ein Unbekannter, was ihn offenbar zu einigen seiner gefürchteten aggressiven Diskussionsauftritte provozierte. Reichenbach war so erbost, dass er ihm den Handschlag verweigerte.

In positiver Hinsicht folgenreich war jedoch die Prager Begegnung mit dem polnischen Logiker und Sprachphilosophen Alfred Tarski. Als Tarski sich im Frühjahr und Sommer 1935 in Wien aufhielt und dort u.a. die Seminare Schlicks besuchte, wurden sie Freunde. Bei gemeinsamen Spaziergängen im Wiener Volksgarten erläuterte Tarski Popper seine semantische Wahrheitstheorie. Popper war so begeistert, dass er Tarski später „meinen wirklichen Lehrer in der Philosophie" genannt hat. (OE 350) „Als Tarski mir 1935 im Wiener Volksgarten die Idee seiner Definition des Wahrheitsbegriffs auseinandersetzte, sah ich sofort, wie wichtig sie war, und dass er ein für allemal die vielgelästerte Korrespondenztheorie der Wahrheit rehabilitiert hatte, die, wie ich glaube, schon immer jene Idee der Wahrheit war, die vom gesunden Menschenverstand akzeptiert wird." (GW 15, 144f [A 137f]) Dieser Enthusiasmus wird nur verständlich, wenn man daran erinnert, dass idealistische und positivistische Denker das Wahrheitsverständnis des gesunden Menschenverstandes, wonach Wahrheit in der „Übereinstimmung" mit Tatsachen besteht, gewöhnlich ablehnten. In Tarskis Wahrheitstheorie sah Popper eine Rehabilitierung des alltäglichen Wahrheitsverständnisses und damit eine Verteidigung des natürlichen Realismus. Von nun an war es ihm möglich, von Wahrheit als dem unverzichtbaren Ziel aller Erkenntnisbemühungen des Menschen ohne schlechtes intellektuelles Gewissen zu sprechen. Wahrheit war ein regulatives Ziel, auch wenn das Erreichen der Wahrheit nie bewiesen werden kann.

Zahlreiche Rezensionen folgten dem Erscheinen der *Logik*. Kein anderes Buch wurde so intensiv in *Erkenntnis*, der Hauszeitschrift des Wiener Kreises, diskutiert. Carnap und Hempel rezensierten das Buch positiv, Neurath und Reichenbach schrieben scharfe Kritiken. Auch der von Popper so verehrte Albert Einstein nahm zu dem Buch Stellung. Den Kontakt hatte ein alter Freund, der Pianist Rudolf Serkin (1903–1991) vermittelt. Über dessen Schwiegermutter Frida Busch gelangte die *Logik* in die Hände Einsteins. Dieser antwortete in einem Brief vom Juni 1935, in dem er das Werk würdigte, aber auch einige kritische Einwände zu Spezialfragen der modernen Relativitäts- und Quantentheorie vorbrachte. Popper war so stolz auf diesen Brief, dass er ihn späteren Auflagen der *Logik der Forschung* im Anhang ganz abdrucken ließ. Ein erster Kontakt mit Einstein war etabliert.

Das Buch machte Popper im Umfeld des Wiener Kreises endgültig zu einer bekannten Person und zu einem gesuchten Gesprächspartner. So lernte er u.a. auch Werner Heisenberg (1901–1976) kennen, den führenden Vertreter der neuen Quantenmechanik, mit dem er sich in eine heftige Kontroverse verwickelte und auch einen Abend in Wien diskutierte. Er erhielt Einladungen zu privaten Diskussionen, aber auch zu Vorträgen. Mathematiker wie Karl Menger und Richard von Mises (1883–1953) luden ihn im Laufe des Jahres 1935 in ihre Kolloquien ein, wo er seine Ansichten über Wahrscheinlichkeitstheorie darlegen sollte.

Er erhielt aber auch Einladungen zu Vorträgen im Ausland. Anfang September nahm er an dem ebenfalls von Neurath organisierten „1. Internationalen Kongress für Einheit der Wissenschaft" in Paris teil, auf dem Bertrand Russell der Stargast war. Wichtige Kontakte knüpfte er in den insgesamt neun Monaten, die er anschließend von September 1935 bis Juni 1936 an in England verbrachte und für die ihm von der Schulbehörde unbezahlter Urlaub gewährt wurde. Danach fuhr er nach Kopenhagen zum „2. Internationalen Kongress für Einheit der Wissenschaft", der vom 21. bis 26. Juni 1936 stattfand. Dabei hatte er auch Gelegenheit, mit Niels Bohr (1885–1962), einem der führenden Vertreter der neuen Quantenmechanik, zu diskutieren. Die Diskussion verlief jedoch einseitig, da Bohr Popper kaum zu Wort kommen ließ und überhaupt einen überwältigenden Eindruck auf ihn machte. Von Kopenhagen kehrte er mit dem Zug durch Nazideutschland nach Wien zurück. Der Schatten des Faschismus hatte sich über Mitteleuropa gelegt und die Frage nach seiner beruflichen Zukunft stellte sich für Popper dringender denn je. Die zahlreichen Einladungen zu Vorträgen hatten in ihm noch die Hoffnung auf eine Universitätskarriere genährt. Doch zunächst ergab sich kein Angebot für eine akademische Stellung.

In Österreich selbst konnte Popper kaum auf eine Chance hoffen. Das reaktionäre und antisemitische politische Klima verschärfte sich. Spätestens seit der Machtergreifung Hitlers in Deutschland im Januar 1933 hatte sich auch in Österreich das politische Koordinatensystem nach rechts verschoben. Im April 1933 wurde die österreichische nationalsozialistische Partei, eine Marionette der deutschen NSDAP, in Landtags- und Kommunalwahlen zur stärksten Partei. Engelberth Dollfuß, der Kanzler einer Koalition aus christlich-konservativen und nationalen Parteien, begann eine auf Notverordnungen gestützte repressive Politik gegen Sozialdemokraten und Nationalsozialisten, die zunächst zu einem Verbot der NSDAP führte. Willkürmaßnahmen der Regierung gegen die Sozialdemokratie führten im Februar 1934 zu einem Aufstand des „Republikanischen Schutzbundes", der bewaffneten Selbstschutzorganisation der Sozialdemokratie. Nach vier Tagen Bürgerkrieg im ganzen Land wurde der Aufstand niedergeschlagen und die Sozialdemokratie verboten. Die neue Verfassung vom Mai 1934 hob demokratische Prinzipien auf und propagierte einen autoritären christlichen Ständestaat mit der „Vaterländischen Front" als einziger Partei. Auch der Wiener Kreis wurde von dieser Politik unmittelbar betroffen: Zusammen mit der Sozialdemokratischen Partei wurde der Verein Ernst Mach verboten. In einem Brief an die Wiener Polizeidirektion protestierte Schlick gegen dieses Verbot mit dem Hinweis auf die politische Neutralität des Vereins, doch ohne Erfolg. Nach der Beseitigung der parlamentarischen Demokratie und dem Übergang zum Einparteienstaat kam es im Juni 1934 zu einem Putschversuch der verbotenen NSDAP, der zwar scheiterte, in dessen Folge aber Dollfuß ermordet wurde. Hitler betrieb nun eine Politik der Einschüchterung und Erpressung gegenüber Österreich. Die Regierung des Dollfuß-Nachfolgers Kurt Schuschnigg musste schließlich im Juli 1936 den Verzicht auf eine selbständige österreichische Außenpolitik erklären.

Am 22. Juni 1936, kurz vor Poppers Rückkehr nach Wien, war Schlick von einem ehemaligen Studenten auf dem Treppenaufgang zur Wiener Universität erschossen worden. Es erschien eine Vielzahl von Zeitungsartikeln, die über Schlick, den man ganz selbstverständlich, aber fälschlich für einen Juden hielt, in übelster Weise herzogen und die religionskritische Philosophie des Kreises für die Sinn- und Lebenskrisen junger Menschen verantwortlich machten, wobei ganz offen Sympathie für den Mörder Schlicks bekundet wurde.

Immer offener trat nach der Ermordung Schlicks ein aggressiver Antisemitismus zutage. Studieren und Lehren an einer Universität wurde für Juden praktisch unmöglich. Popper hatte sich, wie er in einem Brief viele Jahre später schrieb, nie als Juden betrachtet. Schließlich war er bei seiner Geburt getauft worden und danach protestantisch erzogen worden. „Ich bin jüdischer Abstammung, aber … ich verabscheue jede Form des Rassismus und Nationalismus; und ich habe nie der jüdischen Glaubensgemeinschaft angehört. Daher sehe ich nicht, auf welcher Basis ich mich als Jude betrachten könnte."[1] Nun wurde ihm die Gefahr bewusst, die ihm aufgrund seiner jüdischen Abstammung drohte.

---

[1] Zit. nach: M.H. Hacohen, *Karl Popper – The Formative Years, 1902–1945*, Cambridge 2000, S. 308. (Übers. v. Verf.)

Dass die Gefahren für Leib und Leben sehr real waren, zeigt das Schicksal von Poppers Verwandten, von denen insgesamt sechzehn den Holocaust nicht überlebten. Seine eigene engere Familie konnte diesem Schicksal entgehen. Die jüngere Schwester Annie emigrierte in die Schweiz, seine Mutter starb 1938. Die Hoffnung, an einer österreichischen Universität Fuß zu fassen, musste Popper angesichts dieser politischen Situation aufgeben. Als realistische Möglichkeit einer akademischen Karriere und eines persönlichen Lebens in Freiheit blieb nur das westliche Ausland. Nun kamen Popper die neu erworbenen Kontakte in England zunutze. Er hatte Verbindungen zum „Academic Assistance Council" aufgenommen, einer britischen Organisation, die sich bemühte, vom Faschismus verfolgten Wissenschaftlern zu helfen. Er begründete seine Bitte, ihm beim Verlassen Österreichs zu helfen, unter anderem mit dem Antisemitismus seiner Schüler und Kollegen.

Auf Anraten englischer Freunde bewarb er sich außerdem auf eine Stelle als Dozent am Canterbury University College in Christchurch / Neuseeland, wobei er auf Referenzen so bedeutender Zeitgenossen wie Einstein, Bohr, Russell, Moore und Carnap verweisen konnte. Als am Weihnachtsabend 1936 das Telegramm mit der Zusage eintraf, zögerte Popper nicht lange. Zwar hatte man ihm auch eine befristete Dozentenstelle in Cambridge angeboten, doch Neuseeland bedeutete eine feste und dauerhafte Anstellung.

Poppers Auswanderung nach Neuseeland war Teil einer erzwungenen Emigrationswelle, die den gesamten Wiener Kreis erfasste. Angesichts der sich abzeichnenden Veränderung der politischen Verhältnisse hatten einige Mitglieder des Kreises seit Beginn der 30er Jahre Gelegenheiten wahrgenommen, um ihre berufliche Karriere als freie Wissenschaftler im Ausland fortzusetzen. Bereits 1931 war Feigl in die USA ausgewandert. Ebenfalls 1931 ging Carnap nach Prag und 1936 von dort weiter in die USA. Neurath floh 1934 nach dem Verbot der Sozialdemokratie nach Den Haag und 1940 weiter nach England. Mit der Ermordung Schlicks war das Ende des Wiener Kreises praktisch besiegelt, auch wenn sich die verbliebenen Mitglieder auf privater Ebene unter der Leitung von Waismann noch bis 1938 weiter trafen. Doch nach und nach emigrierten fast alle Mitglieder des Kreises. 1937 ging Menger in die USA und 1938 Waismann nach England. Gödel erreichte die USA 1940 auf abenteuerlichem Wege. Viktor Kraft blieb als einziger namhafter Vertreter des Wiener Kreises in Österreich, durfte jedoch nicht weiter lehren. Eine der bedeutendsten philosophischen Bewegungen der ersten Hälfte des 20. Jahrhunderts wurde aus Mitteleuropa vertrieben. Vernichtet wurde die Philosophie des Wiener Kreises jedoch nicht. Sie lebte in der analytischen Philosophie der englischsprachigen Länder neu auf, von wo sie in den 60er Jahren rückimportiert wurde. Ironischerweise trug die Auflösung des Wiener Kreises und die Zerstreuung seiner Mitglieder in alle Welt zur weltweiten Verbreitung seiner Ideen entscheidend bei. Für Popper selbst begann jedoch ein Jahrzehnt der Isolation.

4. Die Offene Gesellschaft und ihr Verteidiger (1935–1945)

„In der freien Luft Englands"

Die Einladungen nach England, die ihn nach Erscheinen seiner *Logik der Forschung* erreichten, machten Popper mit einer Zivilisation bekannt, die bis zum Ende seines Lebens sein Denken und seine kulturellen und politischen Wertungen beeinflussen sollte. Er war in einem Teil Europas aufgewachsen, der nur rudimentär demokratische Traditionen entwickelt hatte. Untertanengeist, Hierarchiedenken und Verehrung des Militärischen waren sowohl in Deutschland als auch in Österreich bis zum Zweiten Weltkrieg weit verbreitet. Nun traf er auf eine Gesellschaft, in der es wenig Antisemitismus gab und in dem sich bis in die Höflichkeitsnormen eine Achtung vor dem Individuum durchgesetzt hatte. Es war die Erfahrung einer demokratischen Alltagskultur, die Popper beeindruckte und ihn fortan zu einem überzeugten Anhänger des „British way of life" werden ließ. So äußerte er sich positiv erstaunt darüber, dass die Engländer die morgendlichen Milchflaschen unbewacht vor ihrer Haustür stehen ließen. Verglichen mit Wien, einer Stadt, in der das Klima von gewaltsamen sozialen, ideologischen, ethnischen und nationalen Auseinandersetzungen geprägt war, traf er in England auf die entspannte Atmosphäre einer Gesellschaft, die, ungeachtet ihrer sozialen Probleme, mit sich im Reinen schien:

an Bord der Ragitata 1937

„Das England des Jahres 1935 war, trotz Arbeitslosigkeit und trotz der Bedrohung durch Hitler, die zufriedenste Industrienation Europas, die ich in meinem ganzen Leben gesehen habe: Jeder einzelne Arbeiter, jeder Busschaffner und jeder Taxifahrer, jeder Polizist war ein vollendeter Gentleman." (LP 299).

Politisch und philosophisch waren die Engländer ihren eigenen, vom Kontinent abweichenden Weg gegangen. Weder Marxismus noch Faschismus hatten sich hier zu Massenbewegungen entwickelt. Vielmehr hatte der Liberalismus mit seiner Forderung nach dem verfassungsmäßig garantierten Recht des Bürgers auf freie Meinungsäußerung und auf politische Teilhabe am Gemeinwesen das politische System geprägt. Auch die philosophischen Strömungen der Existenzphilosophie, Phänomenologie, des Neukantianismus und der Lebensphilosophie, die in Deutschland und Frankreich in der ersten Hälfte des 20. Jahrhunderts die Diskussion bestimmten, übten hier kaum einen Einfluss aus. Die bedeutenden englischen Philosophen standen in der Tradition des Empirismus und Positivismus. Die Tatsache, dass genau diese Traditionen auch in Österreich durch den Wiener Kreis gepflegt worden waren, hat Popper den Zugang zum kulturellen Milieu der britischen Philosophie erheblich erleichtert.

Popper wurde aber nicht nur aus philosophischen Gründen, sondern auch aus lebenspraktischer Erfahrung ein überzeugter Verteidiger des Westens, den er mit dem aufklärerischen Erbe der Rationalität, Liberalität und Toleranz identifizierte. Im englischsprachigen Raum lernte er das kennen, was als „offene Gesellschaft" zum Schlüsselwort seiner politischen Philosophie werden sollte: „Ich kam aus Österreich, wo eine verhältnismäßig milde Diktatur herrschte, die aber von dem nationalsozialistischen

Nachbarn bedroht war. In der freien Luft Englands konnte ich aufatmen. Es war, wie wenn die Fenster geöffnet worden wären. Der Name ‚Offene Gesellschaft' stammt von diesem Erlebnis." (RoR 22)

In Anbetracht der bedrohlichen politischen Lage in der Heimat diente der Englandaufenthalt Popper nicht nur dem philosophischen Meinungsaustausch, sondern auch der Suche nach Arbeitsmöglichkeiten im Ausland. Popper bereitete seine Emigration vor. Er hoffte darauf, dass die Kontakte in England ihm die Chance einer akademischen Anstellung eröffnen würden.

Die ersten dieser Kontakte knüpfte er bereits auf dem Pariser Kongress 1935. Dort lernte er den jungen Alfred J. Ayer kennen, einen Verehrer Bertrand Russells, der schon in Wien die Luft des Schlick-Zirkels geschnuppert hatte und ihn während seines gesamten England-Aufenthaltes betreute. Noch in Paris stellte ihm Ayer Isaiah Berlin (1909–1998) und Gilbert Ryle (1900–1976) vor. Im September 1935 traf Popper in England ein. Susan Stebbing (1885–1943), eine der damals seltenen arrivierten Philosophinnen, hatte ihn an die Universität London zu zwei Vorträgen am Bedford College eingeladen.

Auf Betreiben Ayers war er auch Gast der „Aristotelischen Gesellschaft", wo er zum ersten Mal persönlich mit Bertrand Russell in Kontakt kam, den er zeitlebens hochschätzte und als den „größten Philosophen seit Kant" betrachtete. Das Verhältnis zwischen beiden entwickelte sich positiv, blieb philosophisch aber einseitig. Während Popper alle Schriften Russells las und sich auch darauf bezog, hat sich der beinahe 30 Jahre ältere Russell nicht annähernd so intensiv mit dem Werk des jüngeren Kollegen beschäftigt. Auf der Tagung der „Aristotelischen Gesellschaft" sprach Russell über „Die Grenzen des Empirismus".

Er versuchte dabei, Humes Kritik der Induktion Rechnung zu tragen und ein modifiziertes Induktionsprinzip zu verteidigen, das eine Geltung a priori im Sinne Kants beanspruchte. Dies rief den Induktionskritiker Popper auf den Plan. Doch für ihn selbst überraschend traf seine forsch vorgetragene These, dass es Wissen im strengen beweisbaren Sinne in den Wissenschaften überhaupt nicht gibt, dass alles Wissen lediglich Vermutungswissen ist und dass man auch gar nicht auf Induktion angewiesen sei, kaum auf Widerstand im Auditorium. Seine Ausführungen wurden im Gegenteil mit Beifall bedacht.

Popper glaubte, das Publikum habe seine Ausführungen als Scherz verstanden und deren Bedeutung nicht erkannt. Wahrscheinlicher jedoch ist, dass er mit der in England üblichen höflichen Diskussionsatmosphäre noch nicht hinreichend vertraut war und Beifall als Zustimmung missverstand.

Ein weiteres Problem erschwerte sein Auftreten in England. Sein noch unbeholfenes Englisch mit starkem Wiener Akzent machte das Verständnis seiner Argumente für die Zuhörer nicht einfach. Popper konnte englisch lesen, aber nicht flüssig sprechen. Dies war jedoch Voraussetzung für eine Lehrtätigkeit in England. Während seines neunmonatigen Aufenthalts verbesserte sich seine Sprachfähigkeit jedoch erheblich.

Zum Weihnachtsfest 1935 fuhr er zur Familie nach Wien, um im Januar schon wieder nach England zurückzukehren. Auf dem Weg nach London übernachtete er in Brüssel bei dem Sozialphilosophen und Ökonomen Alfred Braunthal (1897–1980), einem alten Bekannten aus der Zeit der „Vereinigung der Sozialistischen Mittelschüler". Am Abend des 9. Januar 1936 trafen sich im Haus Braunthals eine Gruppe von deutschen und österreichischen

Emigranten, darunter Carl Hempel (1905–1997) und Karl Hilferding (1905–1942). Man diskutierte über mögliche ideologische Fehler der sozialistischen Bewegung, die den Aufstieg des Faschismus begünstigt haben könnten. Gab es wirklich „historische Gesetze", die sich mit naturwissenschaftlichen Gesetzen vergleichen ließen? Braunthal selbst war dabei, sich von der klassischen marxistischen Position zu lösen.

An jenem Abend trug Popper eine Argumentationsskizze vor, aus der sich schließlich sein erstes sozialphilosophisches Werk *Das Elend des Historizismus* entwickeln sollte. „Meine Kritik des pseudo-wissenschaftlichen, pseudo-historischen und mythologischen Charakters der Geschichtsphilosophien, besonders der von Marx, aber auch der von Spengler (die der von Marx ganz ähnlich ist, so grundverschieden beide auch erscheinen mögen), reifte durch viele Jahre. 1935 skizzierte ich sie in einer Form, die schon allen wesentlichen Gedanken dieses Buches enthielt." (GW 4, IX [EH VII]) Popper begann, aus seiner Wissenschaftstheorie Schlussfolgerungen für die Geistes- und Sozialwissenschaften und für die politische Philosophie zu ziehen. Wie Vertreter des Wiener Kreises vertrat Popper die Idee der Einheit der Wissenschaften und lehnte eine besondere Methodologie der Geisteswissenschaften ab. Nach seiner Auffassung besteht die Aufgabe der Historie als Wissenschaft nicht darin, Gesetzmäßigkeiten der Geschichte zu finden, sondern individuelle historische Ereignisse zu erforschen. Geschichte ist keine „Gesetzeswissenschaft", weil es überprüfbare „historische Gesetze" überhaupt nicht gibt. Daher sind alle Versuche, einen bestimmten Verlauf der Geschichte als „unvermeidlich" vorauszusagen, keine wissenschaftlichen Prognosen, sondern pseudowissenschaftliche Dogmen.

Mit der Skizze in der Tasche fuhr Popper nach London. Dort wohnte er in einem kleinen möblierten Appartement im Stadtteil Paddington. Durch Vermittlung Ayers wurde er nun u.a. mit George Edward Moore (1873–1958) und R.B. Braithwaite (1900–1990) bekannt. A.C. Ewing (1899–1973) lud ihn zu einem Vortrag in den renommierten „Moral Science Club" in Cambridge ein, bei dem Moore anwesend war. Moore teilte anschließend Ayer mit, dass er zur Verfügung stehe, wenn Popper seine Referenz für eine Bewerbung benötige. Zu den wichtigen neuen Kontakten gehörte auch die zu dem Biologen J.H. Woodger (1894–1981), der als Sozialist ebenfalls an der Frage der Wissenschaftlichkeit der marxistischen Geschichtsphilosophie interessiert war.

Doch letztlich waren es nicht die Kontakte zu englischen Gesprächspartnern, die zu langfristigen persönlichen Beziehungen führten. Ob Poppers mangelnde Sprachkenntnisse, unterschiedliche kulturelle Mentalitäten oder sein dominantes Auftreten dabei eine Rolle gespielt haben, bleibt dahingestellt. Es waren jedenfalls deutschsprachige Mitteleuropäer, zu denen Popper engere Bindungen entwickelte. In Oxford traf er erstmals Erwin Schrödinger (1887–1961). Eine enge Freundschaft entwickelte sich mit dem ebenfalls aus Wien stammenden Kunstwissenschaftler Ernst Gombrich (1909–2001), der wie Popper in Paddington wohnte und am Londoner Warburg Institut arbeitete. Die beiden waren sich in Wien nur flüchtig begegnet, obwohl die Familien sich gut kannten. Gombrichs Vater hatte in der Kanzlei von Simon Popper gearbeitet und nach dessen Tod Poppers Mutter Rechtsbeistand geleistet. Es wurde eine der wenigen Beziehungen Poppers von gleich zu gleich. Beide respektierten und inspirierten einander, wobei es keine unerhebliche Rolle gespielt haben dürfte, dass Gombrich kein Philosoph war, sondern sich auf seinem eigenen Gebiet profilierte. Die Beziehung zwischen Gombrich und Popper blieb ein Leben lang erhalten. Sie blieb die ungetrübteste und wichtigste Freundschaft, die Popper je hatte.

Für seine berufliche Entwicklung noch wichtiger wurde der Kontakt zu dem liberalen Ökonomen Friedrich August Hayek (1899–1992), auch er ein ehemaliger Wiener. Der spätere Nobelpreisträger für Wirtschaftswissenschaften lehrte seit 1931 an der London School of Economics (LSE), nachdem er bereits in Wien als Leiter des österreichischen Instituts für Konjunkturforschung Karriere gemacht hatte. Im Frühjahr 1936 trug Popper seine zum Vortrag ausgearbeitete Diskussionsskizze zum „Historizismus" in Hayeks Seminar vor. Hayek war beeindruckt. Eine Stelle am LSE konnte er Popper jedoch noch nicht anbieten. Er wies Popper aber auf den „Academic Assistance Council" hin, eine Organisation, die akademische Flüchtlinge in Großbritannien unterstützte. Über Hayek lernte Popper den Vorsitzenden des „Council", Walter Adams (1906–1975), kennen. Doch auch Adams konnte Popper zunächst nicht helfen, denn als jemand, der in Österreich noch eine Stelle hatte, kam er für eine Hilfe nicht in Frage. Dennoch sollte sich der Kontakt zu Hayek im Laufe der Jahre als unschätzbar erweisen.

Popper verließ im Juni 1936 England in einer deprimierten Stimmung. Seine Aussichten, bei einer möglichen Emigration Arbeit zu finden, schienen düster. Nach dem Besuch des Kopenhagener Kongresses wieder in Wien eingetroffen, schrieb er mehrere Bewerbungen, u.a. auch in die USA. Im November gab er sogar seine Lehrerstelle auf, um an die Unterstützung des „Council" zu kommen. Tatsächlich bot man ihm ein einjähriges Gaststipendium an.

Doch war dies keine dauerhafte Anstellung. Der entscheidende Hinweis kam von Woodger. Dieser machte Popper
auf eine Stellenanzeige des „Canterbury University College" in Christchurch / Neuseeland aufmerksam. Ausgeschrieben waren eine Dozentur und eine Professur für den
gemeinsamen Bereich Erziehungswissenschaften und Philosophie. Popper bewarb sich und machte nun Gebrauch
von den Referenzen, die man ihm angeboten hatte. Moore
und Woodger schrieben Gutachten für ihn, aber auch
Bohr, Bühler, Russell, Carnap und Tarski. Er erhielt zwar
nicht die Professur, aber die untergeordnete Dozentur. Das
Signal für die Emigration war gesetzt. Das ihm angebotene
Gaststipendium in Cambridge vermittelte er an Friedrich
Waismann. Innerhalb kürzester Zeit regelte Popper nun
seine Verhältnisse in Wien. Auch Hennie kündigte ihre
Stellung. Die noch lebenden Familienmitglieder mussten
zurückgelassen werden – für immer. Mit ausgewählten
Büchern aus der Bibliothek Simon Poppers im Gepäck,
brachen beide Ende Januar 1937 nach London auf. Nach
einem Zwischenaufenthalt von fünf Tagen schifften sie am
4. Februar 1937 auf dem Frachter *Rangitata* nach Neuseeland ein.

Neuseeland

Im März 1937 landeten die Poppers nach fünf Wochen
Überfahrt an der neuseeländischen Küste. Sie kamen in
ein abgelegenes pazifisches Land, das nur durch Schiffs-
verkehr, Brief- oder Telegraphenpost mit der Alten Welt
verbunden war. Und auch diese Verbindungen wurden
während des Krieges stark eingeschränkt. Briefe nach Europa konnten dann bis zu fünf Monaten unterwegs sein.

Von der Fläche so groß wie Großbritannien, aber mit einer damaligen Einwohnerzahl von unter zwei Millionen, war Neuseeland ein geographisch isoliertes und dünn besiedeltes Land.

Als eine der jüngsten Kolonien des Empire mit dem Status eines Dominion war das Zugehörigkeitsgefühl zu Großbritannien besonders ausgeprägt. Die durch das Statut von Westminster 1931 verliehene Unabhängigkeit wurde eher widerwillig akzeptiert und vom neuseeländischen Parlament erst nach Ende des Zweiten Weltkriegs bestätigt. Wirtschaftlich, politisch und kulturell war Neuseeland ganz auf das Mutterland ausgerichtet. Es diente ihm als ein Hauptlieferant von Agrargütern wie Fleisch und Wolle, während wiederum fast alle Industriegüter aus England importiert wurden. Die weiße Mehrheitsbevölkerung fühlte und dachte britisch, folgte dem Mutterland bereitwillig in zwei Weltkriege und ignorierte, mit Ausnahme Australiens, seine pazifischen Nachbarn. Neuseeland schien alle Vorteile Englands, nicht aber die Nachteile geerbt zu haben: Ausgestattet mit einer grandiosen Natur und mit den Institutionen der britischen Demokratie, hatte sich hier, fern von den europäischen Konflikten, eine Gesellschaft herausgebildet, in der Klassenschranken eine wesentlich geringere Rolle spielten als in Europa. Popper schwärmte im Rückblick von seinem Gastgeberland: „Ich hatte den Eindruck, dass Neuseeland von allen Ländern der Welt das am besten regierte Land sei, aber auch das am leichtesten zu regierende. Es herrschte eine wunderbar ruhige und für die Arbeit angenehme Atmosphäre …" (GW 15, 165 [A 158])

Doch dieses Bild deckte sich nicht ganz mit der neuseeländischen Wirklichkeit. Als Popper ins Land kam, waren die Narben der Weltwirtschaftskrise, die 1932 zu blutigen Ausschreitungen in Auckland, der größten Stadt des Landes, geführt hatten, noch nicht verheilt. In Neuseeland gab es Armut, eine noch hohe Arbeitslosigkeit von 12 % und ungelöste ethnische Probleme mit den einheimischen Maori. Die Entwicklung zum Wohlfahrtsstaat und zu einer multikulturellen Gesellschaft hatte gerade erst begonnen.

Poppers idealisierte Wahrnehmung mag auch mit seinem Aufenthaltsort zusammenhängen. Christchurch, die Hauptstadt der Provinz Canterbury und mit damals etwa 100 000 Einwohnern die größte Stadt der neuseeländischen Südinsel, war Mitte des 19. Jahrhunderts von anglikanischen Siedlern gegründet worden und hat bis heute ihren ausgesprochen englischen, europäischen Charakter bewahrt. Neben der anglikanischen Kathedrale im Stadtzentrum gehörte das neugotische Gebäude des 1873 gegründeten Canterbury University College zu den markantesten Gebäuden der Stadt, die ansonsten eher die Atmosphäre eines kleinen kolonialen Landstädtchens hatte. In der fast ausschließlich von britischstämmigen Neuseeländern bewohnten und von einer bürgerlichen Lebenskultur geprägten Stadt waren die sozialen Konflikte des Landes weniger sichtbar als anderswo.

Die Poppers mieteten sich zunächst in einem Hotel ein und vom Winter 1937 in einem Haus, das sie allerdings 1941 räumen mussten. Sie entschlossen sich nun, auf Kreditbasis, zum Kauf eines Holzhauses in Cashmere Hill, weit im Süden der Stadt. Es war eine wunderschöne Wohnlage, mit Blick über die Canterbury Ebene auf die neuseeländischen Südalpen. Besonders für Hennie bedeutete der Kauf eine verbesserte Lebensqualität. Sie waren von Vermietern unabhängig und hatten nun einen eigenen Garten zur Verfügung.

Christchurch bedeutete für Popper nicht nur ein unkompliziertes Exil ohne Visumanträge und bürokratische Demütigungen, sondern auch ein sozialer Aufstieg. Für den Hauptschullehrer war es die erste hauptamtliche Universitätsstelle. Das „University College of Canterbury" war Teil der „University of New Zealand", die sich mit ihren verschiedenen Institutionen über die großen Städte des Landes verteilte. Mit den mitteleuropäischen, nach dem Humboldtschen Ideal der Einheit von Forschung und Lehre organisierten Universitäten, ließ es sich jedoch nicht vergleichen. Zu Poppers Zeit hatten sich etwa 1100 Studenten dort eingeschrieben. Der Lehrbetrieb war verschult, die Abschlussarbeiten wurden nach England zur Korrektur geschickt. Die Bibliothek umfasste mit etwa 15 000 Bänden nicht viel mehr Bücher als die Privatbibliothek von Poppers Vater. Eine Forschungstradition gab es nicht.

Poppers Jahresgehalt betrug, wie das der meisten Dozenten, 500 neuseeländische Pfund im Jahr. Später wurde es auf 650 Pfund aufgestockt. Er betrachtete dies nie als ausreichend. Doch dies war nur ein Teil des Konflikts, der seine Tätigkeit am „Canterbury College" überschattete. Er gehörte zum Mittelbau und war damit dem Leiter des Instituts untergeordnet. Dies war I.G.L. Sutherland (1897–1952), ein Neuseeländer, der in Glasgow zum Anthropologen ausgebildet worden war und die Professur einnahm, auf die Popper sich ebenfalls beworben hatte. Sutherland empfing Popper zunächst sehr freundlich. Er überließ ihm die gesamte Lehre im Fachgebiet Philosophie, was Popper aber eher als Bürde empfand. Er war damit der einzige wirkliche Philosoph am „College" mit einem Wochendeputat von 12 Stunden. In der Folge entwickelte sich die Beziehung mit Sutherland zu einer offenen Konfrontation.

Dieser sah es mit Misstrauen, wenn Popper seine Zeit eigenen Forschungen widmete. Er ließ ihn in späteren Jahren sogar für das Papier bezahlen, das Hennie benötigte, um Poppers Manuskripte abzutippen. Popper betrieb auch innerhalb mit anderen Kollegen der Universität eine Reform, die die lernorientierte Institution stärker der Forschung öffnen sollte. In die Annalen der Universität ist er als eine herausragende Gestalt eingegangen, dessen Wirkung die aller anderen Dozenten übertraf. Popper brachte frischen Wind in die Lehre des „College" und animierte auch viele seiner Kollegen. Sutherland entwickelte jedoch ein Ressentiment gegen den Ausländer, der die Einheimischen belehren wollte. Obwohl Popper sich in Neuseeland als britischer Musterpatriot präsentierte, streute Sutherland während des Krieges Gerüchte über seine politische Unzuverlässigkeit aus. Für Popper war dies nicht ganz ungefährlich, da er wegen seiner österreichischen Herkunft als „enemy alien", also als ein aus Feindesland stammender Ausländer geführt wurde und deshalb immer mit seiner Ausweisung rechnen musste. So wurde er zunehmend von dem Gefühl beherrscht, man benachteilige ihn absichtlich und wolle ihn aus dem Land treiben.

Doch die Schuld für diesen Konflikt lag nicht bei Sutherland allein. Popper war ein charismatischer und beliebter Lehrer, der Studenten wie Kollegen beeindruckte. Er konnte es aber nie verwinden, einem fachlich minder kompetenten Mann untergeordnet zu sein. In der ihm eigenen unverblümten Art zeigte er dies ebenso offen wie seine geringe Wertschätzung des neuseeländischen Bildungssystems. Er bediente damit den damals in Neuseeland vorherrschenden „cultural cringe", den kulturellen Minderwertigkeitskomplex gegenüber Europäern und insbesondere Briten. Popper fehlte es an Fingerspitzengefühl. Sein bekannt forsch-aggressives Auftreten wurde in einem britisch geprägten Sozialkontext als besonders unangenehm empfunden. Charakteristisch ist dabei eine Bemerkung Sutherlands, dass sich Popper so verhalte wie ein Brite oder Neuseeländer es niemals tun würde.

Zu Poppers engsten Kontakten an der Universität gehörten u.a. der junge Ökonom Colin Simkin (1915–1998) und Otto Fraenkel (1900–1998), ein aus Deutschland emigrierter Botaniker, sowie Margaret Dalziel, eine Sprachstudentin und spätere Assistentin am „College", die ihm half sein Englisch aufzupolieren. Enge Kontakte gab es auch zu John Findlay (1903–1987), der Philosophie in Dunedin lehrte, der Hauptstadt der südlich benachbarten Provinz Otago und Sitz der zweiten Universität auf der Südinsel. Sehr persönlich und langfristig entwickelte sich die Beziehung zu dem Neurophysiologen John C. Eccles (1903–1997), der allerdings erst im Januar 1944, aus England kommend, seine Stelle an der Universität Dunedin antrat. Findlay und Eccles luden Popper auch zu Gastvorträgen nach Dunedin ein.

In Neuseeland bildete sich das Muster der Popperschen Lebensführung heraus. Es war ein Leben der Arbeit, mit minimaler Ablenkung und ganz auf die Lösung philosophischer Probleme konzentriert. In der philosophischen Auseinandersetzung konnte Popper die Umwelt komplett vergessen. Eccles berichtet von einem Treffen mit Popper in Christchurch, wo er ihn auf dem Weg von Dunedin zu einer Konferenz in Wellington traf. In Christchurch holte ihn Popper vom Bahnhof ab und brachte ihn zum Hafen nach Lyttleton, wo Eccles auf das Schiff umstieg. Man diskutierte den ganzen Weg, bis das Schiff ablegte und außer Hörweite war. Als Eccles zwei Tage später wieder in Lyttleton anlegte, stand Popper bereits am Kai und nahm den

Faden der Diskussion nahtlos auf, bis Eccles den Zug nach Dunedin bestieg.

Doch entgegen seinen späteren Äußerungen hat Popper seine neuseeländischen Lebensumstände nicht als glücklich empfunden. Von gelegentlichen Exkursionen in die Berge abgesehen, lebten die Poppers zurückgezogen. Hennie hatte Heimweh nach Wien. Nach Kriegsausbruch litt sie unter Anfeindungen gegenüber Deutschen, zu denen sie als Österreicher auch gezählt wurden. Besonders die Klagen über die finanzielle Situation ziehen sich durch die gesamten neuseeländischen Jahre. In Briefen an Gombrich schrieb Popper, dass ihm gerade einmal 2 Pfund und 12 Schillinge pro Woche zum täglichen Bedarf blieben. Die Lebenshaltung verteuerte sich während des Krieges und Popper gab eine Menge für Porto und Telegramme nach Europa und in die USA aus. Die Poppers ernährten sich meist von den Erträgen aus ihrem Garten. Bücher waren Luxus und konnten nicht angeschafft werden. Carnap und andere Bekannte schickten gelegentlich Bücher oder Exemplare der Zeitschrift *Erkenntnis*. Während des Krieges wurden Papierzuteilungen rationiert, so dass auch das Schreiben selbst für Popper mit Alltagsmühen verbunden war. Statt des geliebten Klaviers kaufte er sich ein Harmonium, um die gewohnte Praxis des Musizierens fortsetzen zu können. Um Kosten zu sparen, zimmerte er einige der Möbel für ihr neues Haus in Cashmere selbst. Hennie versuchte das Gehalt aufzubessern, indem sie Privatstunden in Deutsch gab.

Doch auch die Gründe für die finanzielle Misere lagen nicht ausschließlich in äußeren Umständen. Der finanzielle Rahmen war knapp, doch nicht knapper als der, mit dem sich der durchschnittliche Neuseeländer einrichten musste. Die Poppers hatten sich mit ihrem Hauskauf in

Cashmere finanziell übernommen. Die Zahlung der Raten belief sich allein auf ein Drittel des Jahresgehalts. Für seine Frau schloss Popper zudem eine sehr kostspielige Lebensversicherung ab, weil er fürchtete, sie würde im Falle seines Todes mittellos dastehen. Zwischen 1937 und 1942 leistete er sich zudem den Luxus eines Autos, während seine Kollegen mit dem Fahrrad vorlieb nahmen.

Ab 1938 überschatteten allerdings die Entwicklungen in Europa die persönliche Lage. Im März marschierten Hitlers Truppen in Österreich ein, begleitet von den bekannten Jubelszenen auf dem Wiener Heldenplatz. Von diesem Zeitpunkt an erreichten Popper ständig Hilferufe von Verwandten und Bekannten, die dem Nazi-Terror entkommen wollten. Im Mai starb seine Mutter, seine Schwester Annie floh ohne Pass nach Paris und fand später Aufnahme in der Schweiz. Seine Tante Hellie wurde in Theresienstadt umgebracht, sein Vetter Georg Schiff verschwand in den Folterkellern der Gestapo. Insgesamt 16 Familienangehörige wurden Opfer des Nazismus. Mit seinem Kollegen Fraenkel zusammen gründete Popper eine Hilfsorganisation für Flüchtlinge. Bis zum Ausbruch des Krieges konnten sie immerhin für etwa 40 Flüchtlinge eine Einreiseerlaubnis erwirken. Als der Krieg ausbrach, meldete sich Popper als Freiwilliger zur neuseeländischen Armee, wurde aber abgelehnt.

Als es kaum noch möglich war, praktisch etwas für Flüchtlinge zu tun, wandte sich Popper seinem eigentlichen Kampfterrain zu, der Philosophie. Er machte sich daran, sich mit den ideologischen Traditionen auseinanderzusetzen, auf die sich die totalitäre Barbarei stützte. Hatte er sich im ersten Jahr seines Neuseeland-Aufenthalts noch mit Problemen der Logik und der Wahrscheinlichkeitstheorie befasst, so sah er jetzt die Notwendigkeit, sich Problemen der Sozialphilosophie und der politischen Philosophie zuzuwenden. Nicht die Neigung, sondern die Umstände machten Popper zum politischen Philosophen. Mit der Annexion seiner österreichischen Heimat durch Hitler hatte die totalitäre Bedrohung für Popper eine ganz persönliche Dimension erhalten, auch wenn er sich viele tausend Kilometer entfernt im neuseeländischen Exil befand: „Als ich dort im März 1938 von Hitlers Einmarsch in Österreich erfuhr, entschloss ich mich, meine Kritik des Faschismus und des Marxismus, also mein Buch *Die Offene Gesellschaft und ihre Feinde* zu veröffentlichen." (RoR 10)

Es war nicht nur die *Offene Gesellschaft*, die in Neuseeland als Antwort auf Hitler und Stalin in einer Zeit entstand, in der die politischen Ideale der Aufklärung und des Liberalismus in extremem Maße gefährdet schienen. Von 1938 an unterzog Popper in mehreren Schriften die philosophischen Väter des Totalitarismus, die „orakelnden Philosophen", einer umfassenden Kritik. Zu dieser Kritik gehören auch die beiden Essays *Was ist Dialektik?* und *Das Elend des Historizismus*. Alle drei Schriften entstanden zeitlich und inhaltlich in einem engen Zusammenhang.

Angriff auf die orakelnden Philosophen

Popper beginnt seine Kritik auf dem ihm vertrautesten Terrain: dem der wissenschaftlichen *Methode*. In dem Dialektik-Essay attackiert er das Herzstück der Hegelschen und Marxschen Philosophie, die dialektische Methode. In der Historizismus-Schrift untersucht er die Möglichkeit historischer und sozialwissenschaftlicher Prognosen. Doch Popper betreibt in beiden Schriften keine reine Methodenkritik, sondern kritisiert auch die politischen Konsequenzen einer pseudowissenschaftlichen Sozialphilosophie.

„Was ist Dialektik?" war Poppers erste größere Arbeit in englischer Sprache. Über die Probleme, englisch zu schreiben, hat er sich später geäußert: „Mein deutscher Stil, in dem ich die *Logik der Forschung* geschrieben hatte, war verhältnismäßig klar und leicht für deutsche Leser; ich entdeckte jedoch, dass im Englischen völlig andere Anforderungen an den Autor und an die Klarheit seines Stils gestellt werden, und weit höhere als im Deutschen. Ein deutscher Leser nimmt zum Beispiel keinen Anstoß an vielsilbigen Wörtern. Im Englischen musste ich lernen, ihnen gegenüber empfindlich zu werden. Wenn man aber noch kämpfen muss, um die einfachsten Fehler zu vermeiden, dann liegen solche höheren Ziele, auch wenn man sie für richtig hält, in weiter Ferne." (GW 15, 167 [A 161]). Im Laufe der Jahre hat Popper sich die englische Sprache als Werkzeug der philosophischen Darstellung souverän angeeignet.

Die Entstehungszeit des Dialektik-Aufsatzes liegt zwischen der zweiten Hälfte des Jahres 1938 und dem Frühjahr 1939. Popper trug ihn in seinem Seminar am „Canterbury College" vor und konnte ihn 1940, nach mehreren vergeblichen Versuchen, in der von Moore herausgegebenen renommierten Zeitschrift *Mind* veröffentlichen.

In „Was ist Dialektik?"[1] versucht Popper den Nachweis zu führen, dass die Hegel-Marxsche Konzeption von Dialektik zur Zerstörung von Logik und Wissenschaft führt. Das von Kant in der Kritik der reinen Vernunft entwickelte Verständnis von „transzendentaler Dialektik" ließ die

---

[1] „What is Dialectic?".

Geltung der Logik noch unangetastet. Die „transzendentale Dialektik" besteht in einer Kritik der klassischen Metaphysik. Kant hatte gezeigt, wie die spekulative Vernunft
zu gleich gut begründeten Thesen und Antithesen gelangt
und sich dadurch in Widersprüche („Antinomien") verwickelt. Mit seinem System des „transzendentalen Idealismus" beanspruchte er diese Widersprüche aufzulösen.
Den Sündenfall im Verständnis der Dialektik beging in
den Augen Poppers dann Hegel, als er der Dialektik einen
Vorrang vor der Logik einräumte. Die Welt ist nach Hegel
die Erscheinung einer göttlichen Vernunft („Weltgeist"),
die sich im Laufe einer „dialektischen" Entwicklung stufenweise realisiert. Auf jeder Stufe der Weltentwicklung
gibt es einen „dialektischen Widerspruch" zwischen einer These und einer Antithese, der schließlich in einer
Synthese überwunden wird, indem die nicht bewahrenswerten Elemente von These und Antithese ausgeschieden,
ihre bewahrenswerten Elemente dagegen übernommen
und auf eine höhere Stufe gehoben werden. Karl Marx
(1818–1813), der einflussreichste Schüler Hegels, übernahm diese Konzeption von Dialektik als „widerspruchs-
voller" Entwicklung der Wirklichkeit, deutete sie aber
materialistisch. Bei Marx sind es die „ökonomischen Widersprüche", die die Entwicklung der Gesellschaft bis zur
Entstehung einer klassenlosen Gesellschaft dialektisch
vorantreiben.

Nach Popper ist die Hegel-Marxsche Dialektik mit elementaren Prinzipien der Logik unvereinbar. Er kritisiert,
dass die Dialektik, indem sie These und Antithese in Form
eines „dialektischen Widerspruchs" zugleich gelten lässt,
zur Preisgabe des Satzes vom Widerspruch führt. Wenn
jedoch zwei sich widersprechende Sätze zugleich wahr sein
können, dann gibt es keine Möglichkeit mehr, zwischen

wahren und falschen Aussagen überhaupt zu unterscheiden. Nicht Fortschritt und Entwicklung, sondern völlige Beliebigkeit und Chaos von Aussagen und Theorien sind die Folgen.

Die Hegel-Marxsche Dialektik bedeutet daher nach Popper in Wahrheit das Gegenteil von Wissenschaftlichkeit, nämlich Dogmatismus. Indem sie Gegenargumente selbst wiederum als Beispiel für „Widersprüche" im Sinne der Dialektik interpretiert, macht sie sich gegen jede Art von Kritik unangreifbar. Für Popper ist es daher auch kein Zufall, dass die Hegel-Marxsche Dialektik in der Politik jener totalitären Regime, die sich auf den Marxismus beriefen, die Funktion einer Legitimationsstrategie übernahm: Jede beliebige politische und gesellschaftliche Situation konnte mit dem Hinweis auf die „dialektische" Entwicklung erklärt und jede politische Maßnahme damit gerechtfertigt werden.

Die zweite Attacke auf die Tradition des Hegel-Marxschen Denkens, *Das Elend des Historizismus*, war eine Ausarbeitung jenes Vortrags, den Popper 1936 in Hayeks Seminar in London gehalten hatte. In Neuseeland entstand dann eine erste englische Fassung, die Ende 1938 abgeschlossen war. Die Schrift erlebte aber in den darauf folgenden Jahren mehrere Überarbeitungen. Eine Publikation wurde zunächst von *Mind* abgelehnt. 1944 erschien eine erste Version, durch Hayek vermittelt, in *Economica*, der Hauszeitschrift der London School of Economics. Die 1957 in Buchform erschienene Version beruhte auf erneuten Veränderungen.

Poppers Ziel war es, den Nachweis zu führen, dass der Anspruch, einen gesetzmäßigen Verlauf der Geschichte aufzuzeigen, wissenschaftlich unhaltbar war. Daraus folgte auch, dass eine „utopische soziale Planung großen Stils", d.h. eine Politik, die auf einem Gesamtentwurf einer idealen Gesellschaft basiert, einer rationalen Grundlage entbehrt. Poppers Schrift ist damit auch ein Generalangriff auf die Tradition der Sozialutopien, von Platons *Staat* über die Renaissanceutopien eines Campanella oder Thomas Morus bis hin zur marxistischen Utopie einer klassenlosen Gesellschaft.

Wie auch im Falle seiner Schrift *Die beiden Grundprobleme der Erkenntnistheorie* enthält der Titel *Das Elend des Historizismus* eine philosophiehistorische, häufig nicht wahrgenommene Anspielung: Wie Marx sein Pamphlet *Das Elend der Philosophie* (1847) als ironische Replik auf *Die Philosophie des Elends* (1846) des Frühsozialisten Pierre-Joseph Proudhon (1809–1865) verstand, so bezieht sich Popper mit seinem Titel wiederum auf Marx.

„Historizismus" ist ein Begriff, den Popper selbst geprägt und in abwertender Absicht verwendet hat. Er meint damit eine Art der Erklärung der sozialen Wirklichkeit, die sich auf eine deterministische Deutung der Geschichte stützt: Weil sich die Geschichte wie nach einem Naturgesetz in einer festen Abfolge von Stufen auf ein vorherbestimmtes Endziel hinbewegt, lässt sich jedes einzelne soziale Phänomen durch seine Einordnung in das große Entwicklungsgesetz erklären. Der „Kardinalfehler" des Historizismus besteht darin, gesellschaftliche Trends als absolute Entwicklungsgesetze zu deuten, aus denen Prophezeiungen für die zukünftige gesellschaftliche Entwicklung abzuleiten seien. Entsprechend befürwortet er eine Sozialplanung, für die nicht die Lösung einzelner Probleme im Vordergrund steht, sondern die Umgestaltung der gesellschaftlichen Gesamtstruktur nach dem Bild einer idealen Gesellschaft, auf die die Geschichte gesetzmäßig zuläuft. Historizistisches und utopisches Denken sind nach Popper die beiden unheiligen Schwestern der politischen Philosophie.

Für Popper ist es irreführend, von einer Geschichte als Ganzheit überhaupt zu sprechen. Die Weltgeschichte insgesamt hat für ihn keinen Sinn. Sinnvoll lässt sich allenfalls von einzelnen Aspekten der Menschheitsgeschichte reden, von einer „unbegrenzten Anzahl von Geschichten" (GW 6, 317 [OG II 334]). Damit formuliert Popper eine Kritik der klassischen Geschichtsphilosophie, wie sie in den 60er Jahren durch Arthur C. Dantos (1924–2013) *Analytische Philosophie der Geschichte* (1965) wiederholt wurde.

Damit kann die Geschichte auch nicht als Grundlage einer Politikplanung im großen Stil dienen. Als Alternative zu einer utopischen Sozialplanung schlägt Popper eine sogenannte „Stückwerk-Technologie" vor. Sie folgt nicht einem ausgemalten Gesellschaftsideal, sondern einer „Logik der Situationen". Statt als Utopist sollte sich der Politiker als „Stückwerk-Ingenieur" fühlen, der konkrete Missstände analysiert und versucht, sie in kleinen Schritten zu beheben, ohne die möglichen Nebenfolgen aus dem Auge zu verlieren. Popper hat damit das sokratische Nichtwissen, das seiner Wissenschaftstheorie zugrunde liegt, auf das Feld der Gesellschaftspolitik übertragen: An die Stelle des allwissenden Gesamtplaners tritt der Sozialreformer, der nach dem Prinzip „Versuch und Irrtum" vorgeht.

Die Historizismus-Schrift war nicht nur eines der schwersten Geschütze, das im 20. Jahrhundert gegen die Geschichtsphilosophie in der Tradition von Hegel und Marx aufgefahren wurde. Sie markiert auch den Beginn von Poppers Demokratietheorie.

Doch Poppers ausführlichste Abrechnung mit den „orakelnden Philosophen" erfolgte in seinem sozialphilosophischen Hauptwerk *Die Offene Gesellschaft und ihre Feinde*,
das im gleichen Zeitraum, zwischen 1939 und 1943, entstand.

Aus der Kritik der Hegelschen und Marxschen Geschichtsphilosophie sowie aus der Kritik der Dialektik als
sozialwissenschaftlicher Methode entwickelte sich eine
umfangreiche Studie, die mit dem Anspruch auftrat, die
philosophischen Wurzeln des Totalitarismus offenzulegen
und diesem das Bild einer „offenen" Gesellschaft entgegen-
zuhalten. Die *Offene Gesellschaft* entstand dadurch, dass
Poppers Konzeption und Materialsammlung den Rahmen
der Historizismus-Schrift sprengte: „Während ich mit der
systematischen Analyse und der Kritik der Ansprüche des
Historizismus beschäftigt war, versuchte ich auch Material
zur Illustration seiner Entwicklung zu sammeln. Die Auf-
zeichnungen, die ich für diesen Zweck sammelte, wurden
die Grundlage dieses Buches." (GW 5, 6 [OG I 24]).

Die Offene Gesellschaft und ihre Feinde ist kein akade-
misches Buch, kein Beitrag zu einem Diskurs zwischen
Universitätsprofessoren. Sie ist als philosophische Streit-
schrift Teil eines Konflikts, der auch politisch und mili-
tärisch ausgefochten wurde. Aus dieser besonderen historischen Situation erklären sich sowohl die polemischen
Überspitzungen des Buches als auch die Neigung, die diskutierten Positionen einem politischen und philosophischen Lager zuzuordnen. Popper rechnet hier mit einer besonders in Deutschland populären staatsphilosophischen
Tradition ab, in der sich, wie z.B. in Fichtes *Geschlossenem
Handelsstaat*, eine autoritäre Staatskonzeption mit nationalistischen und militaristischen Ideologien verbindet.

Zu den philosophischen Vätern einer solchen „geschlossenen" Gesellschaft gehörten für ihn nicht nur Hegel und Marx, sondern auch Platon. Alle drei treffen sich nach Popper im historizistischen Denken und der Befürwortung einer utopischen Sozialplanung. Sie vertreten die Rückkehr zu einem archaischen Stammesdenken, in dem das Individuum verachtet und der „Fremde" als Feind gilt, sowie zu einer Geschichtsauffassung, in der die Macht des Durchsetzungsfähigen mit Recht identifiziert wird. Aus Unzufriedenheit mit der Gegenwart stellen sie das Ideal einer vollkommenen Welt auf, die angeblich die geschichtliche Notwendigkeit auf ihrer Seite hat. Anstelle des Individuums wird das Schicksal im Kleid der historischen Gesetzmäßigkeit zum wahren politischen Akteur. Die Interessen des Staates haben gegenüber dem Individuum immer Vorrang und werden von einer auserwählten Elite vertreten: Als wahre Instrumente des Schicksals übernehmen sie die Führerrolle. Hitler und Stalin, so Popper, stehen auf den philosophischen Schultern von Platon, Hegel und Marx.

Dabei setzt Popper in der Kritik seiner drei philosophischen Kontrahenten durchaus unterschiedliche Akzente. So ist sein Verhältnis zu Platon, dem der gesamte erste Band gewidmet ist, tiefgreifend ambivalent. Kaum einer der Kritiker Poppers hat wahrgenommen, dass er Platon hier als den „größten Philosophen aller Zeiten" (GW 5, 118 [OG I 141]) bezeichnet. Platon war für Popper der große Visionär, der die Menschen mit einem Entwurf der menschlichen Gesellschaft verführt, ein Entwurf, der in Wahrheit aber menschenverachtende Tendenzen hat. Im Untertitel des ersten Bandes, „Der Zauber Platons", kommt diese zwiespältige Haltung treffend zum Ausdruck. In einem Interview in den 80er Jahren äußerte er sich noch einmal dazu: „Ich habe geschrieben, dass Platon der größte

und gedankenreichste Philosoph war, den es je gegeben
hat, aber dass seine Ethik mir grauenhaft vorkäme … Ich
glaube, dass das Wort ‚Zauber' hier wichtig ist. Er war ein
Zauberer, nicht wie Hitler, aber wie halt doch einige be-
gabte, für mich aber moralisch unakzeptable Menschen."
(NW 47f.)

Auch Marx ist für Popper nicht nur Objekt der Kritik.
Zur Zeit der Abfassung der *Offenen Gesellschaft* sah er in
ihm immer noch den ehrlichen Verfechter eines humanitären Ziels, der sozialen Gerechtigkeit. Doch seine humanitäre Ethik werde überlagert durch die verhängnisvolle
Übernahme Hegelscher Ideen, insbesondere der Lehre von
der Dialektik und der gesetzmäßigen Notwendigkeit des
Geschichtsverlaufs.

Das negativste Urteil fällt Popper über Hegel. Kein Philosoph seit Arthur Schopenhauer, der Hegel als „Scharlatan" und „Unsinnschmierer" bezeichnet hatte, hat Hegel
derartig abgewertet wie Popper. Poppers Kritik richtet sich
sowohl gegen die Methode der Dialektik als auch gegen
seine jargonhafte Sprache und gegen den von Popper attes-
tierten Opportunismus gegenüber dem preußischen Ob-
rigkeitsstaat. Hegel war ein „logischer Hexenmeister", der
„mit Hilfe seiner zauberkräftigen Dialektik wirkliche physische Kaninchen aus rein metaphysischen Zylinderhüten"
(GW 6, 35 [OG II 36]) hervorzog.

Platon hat vor allem durch seine „Ideenlehre", als Vater des Idealismus, die europäische Philosophiegeschichte
geprägt. Die Vorstellung einer wahren, unvergänglichen
Welt der Ideen ist es auch, die Platon zu seiner Konzeption eines unveränderlichen gerechten Staates inspiriert.
Die Gesetze dieses idealen Staates sind für ihn so unver-
änderlich wie Naturgesetze. Platon lehnt Veränderungen
und Reform ab, weil er nur das Gleichbleibende, Stabile

als gut und das Veränderliche als schlecht und degenerierend begreift.

Besonders fatal ist dieser Kult der Stabilität, wenn man sich Platons konkrete Staatskonzeption ansieht: Es ist ein streng hierarchisch gegliederter Staat mit einer herrschenden Kaste an der Spitze, die sich sogar durch ein biologisches Züchtungsprogramm perpetuiert. Zwischen den drei Kasten, den Herrschern, Wächtern und der arbeitenden Bevölkerung gibt es keine Mobilität. Auch Sklaven gehören für Platon zur natürlichen politischen Ordnung.

Gerechtigkeit heißt für Platon nicht: Jeder hat gleiche Rechte, sondern: „Jedem das Seine". Jeder hat sich von Geburt an in die Hierarchie einer unveränderlichen Staatsordnung einzufügen. Führerprinzip, Ungleichheit und totale Kontrolle des Individuums wie in Platons Staat sind für Popper Merkmale einer totalitären Herrschaft. Insofern steht für ihn Platon am Beginn eines geistesgeschichtlichen „Aufstands gegen die Freiheit".

Hegel ist für Popper das „missing link", das Verbindungsstück zwischen Platon und den totalitären Ideologien des 20. Jahrhunderts. Auch Hegel teilt Platons Kult des Staates, indem er den Staat als höchste Entwicklung menschlicher Selbstverwirklichung in der Geschichte betrachtet. Diese Entwicklung erfolgt nach einem notwendigen „dialektischen" Muster. Der dialektisch voranschreitende Weltgeist ist bei Hegel an die Stelle der religiösen Vorsehung getreten. Der Staat verlangt Unterordnung des Individuums und setzt sich im Krieg mit anderen Staaten geschichtlich durch. Hegel predigt damit, so Popper, eine Art Sozialdarwinismus auf der Ebene der Staaten und auf Kosten des Individuums.

Marx übernimmt die Hegelsche Dialektik und den Gedanken einer notwendigen geschichtlichen Entwicklung. In materialistischer Umkehr des Hegelschen Philosophie macht er daraus einen sozialen und ökonomischen Determinismus: Die Geschichte läuft, über die Zuspitzung der Klassengegensätze, im Kapitalismus zwangsläufig auf die soziale Revolution und die klassenlose Gesellschaft zu. Durch diese Verwechslung einer pseudowissenschaftlichen Prophetie mit einer wissenschaftlichen Prognose wird Marx das wirkungsvollste Beispiel für das „Elend des Historizismus".

Popper attackiert die Marxsche Geschichtsprophetie in allen ihren wichtigen Argumentationsschritten. Stimmt die „Verelendungstheorie", die These vom zunehmenden Reichtum der herrschenden Klasse und von der zunehmenden Armut des Proletariats durch Anstieg der Produktivität und Akkumulation der Produktionsmittel? Folgt daraus wirklich unvermeidlich die soziale Revolution? Und führt diese wirklich zum Sieg des Proletariats und schließlich zur klassenlosen Gesellschaft?

Popper verneint all diese Fragen. So gibt es, wie die tatsächliche Entwicklung gezeigt hat, keinen zwingenden Zusammenhang zwischen der Kapitalakkumulation und einer zunehmenden Verelendung der Mehrheit der Bevölkerung. Vielmehr ist es gelungen, durch gesteigerte Arbeitsproduktivität das Elend beträchtlich zu verringern. Auch hat sich die Klassenstruktur in den kapitalistischen Ländern keineswegs vereinfacht, sondern differenziert und das eigentliche Proletariat hat zunehmend an Bedeutung verloren. Aber selbst wenn eine soziale Revolution im Sinne von Marx stattfinden würde, so Popper, wäre damit noch keineswegs notwendigerweise die Klassenstruktur der Gesellschaft grundsätzlich aufgehoben. Neue Gegensätze innerhalb des siegreichen Proletariats könnten zu einer neuen Klassengesellschaft führen.

Was von Marx' ursprünglich humanitären Absichten übrig blieb, so Poppers vernichtendes Fazit, ist „die orakelnde Philosophie Hegels, die in ihrer marxistischen Verkleidung noch immer den Kampf für die offene Gesellschaft zu lähmen droht." (GW 6, 229 [OG II 242]).

Eine Sozialphilosophie für Jedermann

„Eine Sozialphilosophie für Jedermann" war einer von mehreren Titeln, die Popper für die *Offene Gesellschaft* vor ihrer Publikation in Erwägung zog. Nicht nur diese Überlegung ist ein Indiz dafür, dass das Buch mehr ist als eine Kritik des Totalitarismus. Es enthält auch Poppers Philosophie der Demokratie als eines sich selbst durch Kritik korrigierenden Systems, seine Theorie einer Gesellschaft, die Humanität an der konkreten Freiheit und dem Wohl der Bürger misst. Der später fallen gelassene Titel verweist auch auf den anti-autoritären Anspruch des Buches: Adressat ist nicht der Fachphilosoph, sondern der mündige Bürger. Dabei sind die theoretischen Schlüsselbegriffe der Schrift denen seiner Erkenntnis- und Wissenschaftstheorie analog: Kritik, Offenheit gegenüber neuen Problemlösungsversuchen und „Versuch und Irrtum" als empirisches Testverfahren.

Gegen Platon, Hegel und Marx rehabilitiert Popper die Traditionen der vorsokratischen Sophistik und der Aufklärung des 18. Jahrhunderts. Gerade Platon war dafür verantwortlich, dass die Sophisten als Wortverdreher und Feinde der Gerechtigkeit denunziert wurden. Doch hinter Platons Kritik an den Sophisten standen nach Meinung

Poppers offensichtliche politische Interessen. Platon selbst
war ein ausgewiesener Konservativer und stammte aus
dem alten Athener Adel. Die sophistische Bewegung war
demgegenüber eine Aufklärungsbewegung, die den Herr-
schaftsanspruch der athenischen Aristokraten in Frage
stellte und u.a. die These vertrat, dass Herrschaft nicht
durch sich selbst oder die Tradition legitimiert sei. Aus der
sophistischen Aufklärung gingen einige der bedeutendsten Vertreter der von Popper so genannten „Großen Generation" hervor, die in der zweiten Hälfte des fünften vor-
christlichen Jahrhunderts in Athen lebte und zu der u.a.
Perikles, der Sophist Protagoras, der Materialist Demokrit,
der Historiker Herodot, aber auch Sokrates und sein Schüler Antisthenes, der Begründer der Schule der Kyniker, gehörten. Ihre Ausrichtung war humanistisch, universalis-
tisch und individualistisch.

In den Zusammenhang dieser „großen Generation"
stellt Popper auch Sokrates, den er, anders als die traditio-
nelle Philosophiegeschichtsschreibung, in einem Gegensatz zu Platon sieht. Die Verteidigungsrede des Sokrates
gegenüber seinen Athener Richtern, die in Platons *Apolo-
gie* überliefert ist und in der die individuelle Freiheit gegenüber dem Staat behauptet wird, bezeichnete Popper als das
„schönste philosophische Buch, das ich kenne" (NW 48).
Ebenso wie er die athenischen Demokraten gegenüber
Platon rehabilitiert, so setzt Popper Kant als Aufklärer und
Verteidiger der Freiheit in Gegensatz zu Hegel und Marx.
Auch hier nimmt er eine eigene philosophiegeschichtliche
Bewertung vor. Der kritische Aufklärer Kant gehört für
Popper nicht in den Zusammenhang der Spekulationen
des Deutschen Idealismus, vertreten durch Fichte, Schel-
ling und besonders Hegel, sondern steht vielmehr in einem
Gegensatz zu ihr. Kant als politischer Philosoph ist für

Popper ein Verfechter der Autonomie, der Verantwortung des Individuums und einer durch die Vernunft verbürgten Einheit der Menschen. Diese im Begriff „Humanität" angesprochene Einheit muss nach Popper die archaischen Konzepte des „Stammes" und der „Nation" ablösen. Nicht zufällig widmete Popper die deutsche Ausgabe der *Offenen Gesellschaft* Kant als dem „Philosophen der Freiheit und Menschlichkeit".

Es ist diese Tradition der kritischen Vernunft und der individuellen Freiheit, auf die sich Poppers eigene politische Philosophie stützt und die er dem „Aufstand gegen die Vernunft" bei Platon, Hegel und Marx entgegensetzt. Poppers *Offene Gesellschaft* lässt sich als aufklärerisches und liberales Gegenstück zu Georg Lukács' (1885–1971) marxistischer *Zerstörung der Vernunft* (1954) lesen. Nicht Hegel und Marx, sondern Kant ist für ihn der Bewahrer der Vernunfttradition.

Zwei Begriffe, die Poppers Philosophie insgesamt in den nachfolgenden Jahrzehnten schlagwortartig charakterisieren sollten, „Kritischer Rationalismus" und „Offene Gesellschaft", finden hier erstmalige Anwendung. Der Begriff der „Offenen Gesellschaft", der aus der Lebensphilosophie Henri Bergsons (1859–1941) stammt, wird bei Popper mit einem zugleich liberalen und sozialstaatlichen Demokratieverständnis verknüpft.

Der von Popper beanspruchte „Kritische Rationalismus" ist nicht mit der klassischen erkenntnistheoretischen Position des Rationalismus identisch, der, in der frühen Neuzeit durch René Descartes begründet, erfahrungsunabhängige Vernunftwahrheiten annahm. Poppers „Kritischer Rationalismus" geht über eine erkenntnistheoretische Position hinaus und bezeichnet eine generelle philosophische Haltung. Sie ist verbunden mit einem Glauben an die Vernunft, der dazu führt, dass man sich gegenseitig auf Argumente und Erfahrungen einlässt, d.h. die Fehlbarkeit der eigenen Position grundsätzlich anerkennt. Eine bei allen Menschen vorausgesetzte Fähigkeit zur rationalen Auseinandersetzung beinhaltet für Popper auch das Prinzip der Unparteilichkeit und den Respekt vor der Autonomie des anderen. Der Glaube des Kritischen Rationalismus an die Vernunft „ist nicht nur ein Glaube an unsere eigene Vernunft, sondern noch mehr ein Glaube an die Vernunft der anderen." (GW 6, 278 [OG II 293]) Er umfasst daher auch den Glauben an die Einheit der Menschen und mündet in die Forderung, auch die Gleichberechtigung der Menschen auf politischem Gebiet zu akzeptieren. In der Tradition der klassischen Aufklärung leitet Popper aus der Rationalität als Grundgedanken die Akzeptanz der Freiheit, Gleichheit und Brüderlichkeit der Menschen ab.

Die gesellschaftstheoretischen Folgerungen aus dem Kritischen Rationalismus entwickelt Popper in Analogie zu seiner Wissenschaftstheorie. An die Stelle einer „Logik der Forschung" tritt eine „Logik der Situationen", an die Stelle der Kritik theoretischer Entwürfe und Hypothesen tritt eine Kritik politischer Institutionen und an die Stelle des Verzichts auf endgültige Wahrheit tritt der Verzicht auf den utopischen Gesamtentwurf einer idealen Gesellschaft. Die Rolle der ständigen Fehlerkorrektur im Prozess der wissenschaftlichen Erkenntnis übernimmt die Reform oder „Sozialtechnik", die in einer ständigen Beseitigung konkreter gesellschaftlicher Missstände besteht.

Wie der Wissenschaftler, so muss sich auch der Sozialtechniker oder „Sozialingenieur" zunächst eines Problems, also eines Missstands vergewissern, Hypothesen über seine Beseitigung entwerfen und diese in der Praxis mit Hilfe von „Versuch und Irrtum" testen. Politik wird damit aber kein reines „Durchwursteln", wie die deutsche Übersetzung „Stückwerk-Technologie" für „Piecemeal-engineering" suggeriert. „Piecemeal" bedeutet vielmehr „Schritt für Schritt" und deutet auf ein systematisches, kontrolliertes und immer an der Praxis orientiertes Vorgehen. Nicht die Schaffung einer perfekten Gesellschaft, sondern die stetige Verringerung von Missständen in einer immer verbesserungswürdigen Gesellschaft ist das Ziel. „Der typische Stückwerk-Ingenieur wird folgendermaßen vorgehen. Er mag zwar einige Vorstellungen von der idealen Gesellschaft als „Ganzem" haben – sein Ideal wird vielleicht die allgemeine Wohlfahrt sein –, aber er ist nicht dafür, dass die Gesellschaft als Ganzes neu geplant wird. Was immer seine Ziele sein mögen, er sucht sie schrittweise durch kleine Eingriffe zu erreichen, die sich dauernd verbessern lassen." (GW 4, 59 [EH 53])

Dazu gehört für Popper auch eine Kontrolle der unbegrenzten ökonomischen Freiheit, eine Politik der staatlichen Intervention in die Mechanismen des Marktes. Die Gesellschaft bleibt für die sozial Schwachen verantwortlich. Popper hat in der *Offenen Gesellschaft* noch an Zielen des demokratischen Sozialismus festgehalten. Er sah seine politische Philosophie als programmatische Grundlage für eine humanitäre, liberale und nicht-marxistische Linke. Die *Offene Gesellschaft* atmet noch den Geist des sozialdemokratischen Wohlfahrtsstaates. Damit unterschied Popper sich in dieser Phase noch von Hayek, einem klassischen Wirtschaftsliberalen, der in seinem beinahe gleichzeitig erschienenen antitotalitären Buch *Weg zur Knechtschaft* (1944) jede sozialstaatliche Intervention ablehnt.

Der Gesellschaftsentwurf des „Kritischen Rationalismus" ist der einer „offenen Gesellschaft", die auf Veränderung und Fortentwicklung angelegt ist und den Individuen Raum für Mitwirkung und Kritik gibt. Sie beruht auf der Erkenntnis, „dass soziale Institutionen notwendig sind, die die Freiheit der Kritik, die Freiheit des Denkens und damit die Freiheit des Menschen schützen." (GW 6, 279 [OG II 294]) Es ist, um einen Begriff Leo Trotzkis (1879–1940) abzuwandeln, keine Gesellschaft der „permanenten Revolution", sondern eine Gesellschaft der „permanenten Reform".

Die „Offene Gesellschaft" stellt die Frage nach der Rechtfertigung politischer Herrschaft neu. Sie fragt nicht mehr nach dem „besten Herrscher", sondern nach den Institutionen, durch die man eine Regierung kontrollieren und gegebenenfalls absetzen kann. „Das Kriterium einer Demokratie ist folgendes: In einer Demokratie können die Herrscher – das heißt die Regierung – von den Beherrschten abgewählt werden, ohne dass es zu Ausschreitungen und zu Blutvergießen kommt. Wenn also die augenblicklichen Inhaber der Macht im Staat nicht die Institutionen schützen, die es der Minorität ermöglichen, auf einen friedlichen Wechsel hinzuarbeiten, dann ist ihre Herrschaft eine Tyrannei." (GW 6, 188f [OG II 198]) Popper hat damit Lenins Prinzip „Vertrauen ist gut, Kontrolle ist besser" zu einem institutionellen gesellschaftlichen Grundsatz gemacht. Merkmal der Demokratie ist ein politisch-praktisches Falsifikationsprinzip: Eine Regierung ist solange akzeptabel, wie sie keine grundsätzlichen Fehler macht. Danach wird eine neue Regierung gewählt, die der gleichen Kontrolle unterliegt. Die Demokratie ist deshalb für Popper nicht die beste, sondern die von allen am wenigsten schlechte Staatsform. Sie beruht auf einem Menschenbild, das auch die dunklen Seiten der menschlichen Natur in Rechnung stellt, aber auch auf einem Misstrauen gegenüber unkontrollierter Machtfülle.

Mit seiner „Sozialphilosophie für Jedermann" hat Popper sein wissenschaftstheoretisches Grundprinzip der Kritik und Offenheit auch als Grundprinzipien der Demokratie etabliert. Er wurde dadurch, neben Hannah Arendt (1906–1975), zum bedeutendsten Kritiker des Totalitarismus im 20. Jahrhundert.

Mit dem Blick zurück nach Europa

Mit Abschluss des Manuskripts der *Offenen Gesellschaft* richtete Popper seinen Blick wieder zunehmend auf Europa. Er verfolgte nicht nur gespannt die Entwicklung des Krieges, der sich inzwischen gegen Hitler gewendet hatte, sondern er intensivierte auch wieder den Kontakt zu alten Bekannten. Seine Zukunft war völlig ungewiss. In Neuseeland beobachtete man zudem mit Bangen die Japaner, die bis 1942 noch im Pazifik vorrückten. Wenn eine Rückkehr in die Alte Welt auch unwahrscheinlich schien, verlor Popper ihre Möglichkeit doch nie aus den Augen.

Sobald er den ersten Band der *Offenen Gesellschaft* im Oktober 1942 fertiggestellt hatte, begann er eine umfangreiche Korrespondenz mit dem Ziel, in den USA oder in England einen Verlag zu finden. Diese Suche wuchs sich, ähnlich wie im Falle der *Logik der Forschung*, für Popper zu einem Psychodrama aus, das sich über drei Jahre erstreckte. Die Bedingungen für die Publikation eines solchen Bandes waren denkbar ungünstig. Es herrschte Krieg, und nicht nur Papier und andere materielle Ressourcen waren knapp, es gab auch einen Mangel an Druckern.

Der Umfang des Manuskripts sowie Poppers unorthodoxe Attacke gegen einen antiken Klassiker wie Platon sollten sich als zusätzliche Hindernisse erweisen.

Popper versuchte es zunächst in den USA über Kontaktpersonen, die er z.T. schon aus seiner Wiener Jugendzeit kannte, darunter Fritz Deutsch, der nun den Namen Frederick Dorian führte, Fritz Hellin, aber auch Arthur Braunthal, der inzwischen aus Brüssel übergesiedelt war. In Christchurch ungeduldig auf Rückmeldungen wartend, fühlte er sich hilflos und ohnmächtig. Mit den Bemühungen seiner Mittelsmänner war er nie zufrieden. Harpers und Macmillan lehnten jedoch ebenso ab wie John Day oder Yale University Press. Universitätsverlage verlangten in der Regel eine Kostenbeteiligung des Autors, wozu Popper nicht bereit war. Die Bemühungen um eine Veröffentlichung in den USA scheiterten. Erst 1950 erschien die *Offene Gesellschaft* in einer amerikanischen Ausgabe bei Princeton University Press.

Inzwischen hatte Popper im Februar 1943 den zweiten Band abgeschlossen. Später fügte er die Daten des Manuskriptabschlusses in das Buch ein, weil er befürchtete, man könne ihn wegen Ähnlichkeiten mit Hayeks *Der Weg zur Knechtschaft* (1943) des Plagiats beschuldigen. Im April des gleichen Jahres kam es zur erneuerten und folgenreichen Kontaktaufnahme mit Ernst Gombrich in London. Popper bat ihn um Hilfe bei der Veröffentlichung des Buches. Gombrich war bereit das Manuskript zu lesen. Es war sein Engagement, das letztlich den Durchbruch brachte. Gombrich hatte zwar selbst nur wenige Verlagskontakte, aber er gab das Manuskript weiter, u.a. an Stebbing und Hayek. Für Popper blieb er einer seiner verlässlichsten Freunde. Auch Hayek erwies sich, nicht zum letzten Mal in Poppers Leben, als Glücksbringer. Nach zahlreichen Absagen war es nämlich Hayeks eigener Verlag, Routledge in London, der sich zur Publikation bereit erklärte. Als Popper im April 1944 von Gombrich die Nachricht per Telegramm erhielt, war er mehr als erleichtert.

Doch das Drama war noch nicht ganz beendet, denn die tatsächliche Veröffentlichung verzögerte sich kriegsbedingt noch über ein Jahr, was Popper in erneute Depressionen stürzte. In der ersten Jahreshälfte 1944 forderte sein Körper Tribut für die ungeheure Anstrengung, die er ihm in Jahren konzentrierter Arbeit zugemutet hatte. Er litt an Erschöpfungszuständen und verlor neun Zähne.

Popper schrieb verzweifelte Briefe an den Verleger, auch Hayek versuchte seinen Einfluss geltend zu machen. Als im November 1945 die beiden Bände der *Offenen Gesellschaft* schließlich in London erschienen, war der Krieg bereits ein halbes Jahr zu Ende. Poppers Auseinandersetzung mit dem Totalitarismus und seine Theorie demokratischer Herrschaft sollte erst in den Nachkriegsjahrzehnten seine Wirkung entfalten.

Unmittelbar nützlich wurde das Manuskript jedoch bereits vor seiner Veröffentlichung, indem es mithalf, Poppers Weg zurück nach Europa zu ebnen. Mitte 1943 war an der London School of Economics eine Professur frei geworden, die zunächst als „readership", d.h. als Dozentur ausgeschrieben werden sollte. Hayek teilte Gombrich vertraulich mit, dass er gedenke, in dieser Angelegenheit etwas für Popper zu tun. Zur Vorbereitung ließ er Poppers ungedrucktes Manuskript zirkulieren. Im November 1943 informierte er Popper selbst. Dieser war mehr als interessiert, denn nun bot sich endlich die Möglichkeit, die empfundene Isolation zu verlassen. Auch hier war Gombrich eine unverzichtbare Hilfe, denn er regelte für Popper die Bewerbungsformalitäten. Obwohl Hayek bei der entscheidenden Sitzung der Stellenkommission wegen einer Vortragsreise in die USA nicht anwesend sein konnte, entschied man zugunsten Poppers.

Im Mai 1945 machten Karl und Hennie eine Ausflugstour zum Mount Cook in den neuseeländischen Alpen und übernachteten in der „Hermitage", dem am Fuße des Berges gelegenen Hotel. Auf dem Rückweg mit dem Bus nach Christchurch hielt der Bus in Fairlie, einem kleinen Ort im Süden der Provinz Canterbury. Hier überreichte eine Angestellte der Poststation Popper ein Telegramm mit der positiven Nachricht. Poppers sehr schwankendes Gefühlsthermometer schlug wieder weit nach oben aus: „Ich hatte das Gefühl, Hayek habe mir ein zweites Mal das Leben gerettet. Von diesem Augenblick konnte ich es kaum erwarten, Neuseeland zu verlassen." (GW 15, 179 [A 172]) Ein Angebot aus Sydney, das er ebenfalls erhalten hatte, lehnte er ab.

Es folgten hektische Aktivitäten, denn Poppers Übersiedlung standen bürokratische Hindernisse im Wege. Er und seine Frau hatten keine Pässe. Sie waren staatenlos. Poppers Einbürgerungsanträge waren bisher abgelehnt worden. Popper benötigte eine offizielle Einreisegenehmigung aus England, die schließlich eintraf, aber zunächst nur auf zwölf Monate begrenzt war. Auch musste er sein Haus verkaufen. Die Universität in Christchurch beurlaubte ihn schließlich für ein Jahr und man versicherte beiden, dass sie bei der nächstmöglichen Einbürgerung berücksichtigt würden.

Am 5. Dezember 1945 schifften sich Karl und Hennie in Auckland auf der „New Zealand Star" in einer 4-Betten-Kabine ein. Das Schiff, das ihn in die Alte Welt zurückbrachte, musste die Route über Kap Horn nehmen, für Popper ein „phantastisch und unvergesslich schöner

Anblick" (GW 15, 180 [A 173]). Am 5. Januar 1946 betrat er mit seiner Frau wieder englischen Boden. Gombrich erwartete ihn am Hafen, mit einem Exemplar der *Offenen Gesellschaft* in der Hand.

5. Professor in London (1946–1969)

Aufbruch und Aufstieg

Als Popper mit seiner Frau im Januar 1946 in London eintraf und seine Lehrtätigkeit als Dozent für Logik und Wissenschaftstheorie an der London School of Economics (LSE) aufnahm, waren die Spuren des gerade zu Ende gegangenen Krieges noch überall zu sehen. Auch London lag teilweise in Trümmern. Das Ende des Krieges wurde aber auch als Anbruch eines neuen Zeitalters erlebt und von vielen mit großem Enthusiasmus begrüßt.

Für Popper selbst war die Zeit des Exils beendet. In England, dessen Staatsbürger er schließlich 1949 wurde, fand er ein neues und endgültiges Zuhause. Noch während seiner Zeit in Neuseeland hatte Carnap ihn gefragt, ob er sich vorstellen könne, je wieder nach Wien zurückzukehren. Die Antwort war: „Nein. niemals!" Doch ließ er die Verbindung zu Österreich nie ganz abreißen. So schickte er in den wirtschaftlich schwierigen Nachkriegsjahren Nahrungspakete in die alte Heimat. Vor allem Hennie zog es immer wieder dorthin, nicht nur um in regelmäßigen Abständen ihre kranke, nun in Salzburg lebende Mutter zu besuchen, sondern auch um die Atmosphäre Wiens zu genießen, die sie so sehr liebte. In anderer Hinsicht wiederum neigte Popper zur Überassimilation. Er wurde ein überzeugter Anhänger aller britischen Institutionen, vom Erziehungssystem bis zum Mehrheitswahlrecht. Wie sein späterer Schüler Ian C. Jarvie (geb. 1937)

1962

erstaunt feststellte, sprachen die Poppers auch untereinander englisch.[1]

Die Poppers wohnten zunächst in East Barnett, bevor sie sich später ein Haus westlich von London, in Penn, kauften. Popper fand in England das, was er immer gesucht hatte: das Leben in einem freien Land, öffentliche Anerkennung, eine feste akademische Anstellung an einer renommierten Universität, geistigen Austausch, Schüler und vor allem die Ruhe zum konzentrierten Arbeiten und Forschen. Besonders in den späten 40er Jahren, als er zum neuen Star an der London School of Economics wurde, war Popper mit sich und der Welt im Einklang.

---

[1] Vgl. I.C. Jarvie, „Sir Karl Popper", in: Otto Molden (Hg.), *Krise der Moderne?*, Europäisches Forum Alpbach 1988, Wien 1989, S. 424f.

Er kam nicht als Fremder. In London lebten bereits Gombrich und Hayek, aber auch wissenschaftliche Gesprächspartner wie der Biologe Peter Medawar (1915–1987) oder Lionel Robbins (1898–1984), mit denen er sich austauschte. Eine Freundschaft entwickelte sich auch aus dem Wiedersehen mit Erwin Schrödinger. Von 1946/47 bis zu Schrödingers Tod im Jahre 1960 standen Popper und Schrödinger in regelmäßigem Briefkontakt und sie trafen sich häufig in Wien, wenn Popper sich dort zu Besuch aufhielt. Die Diskussionen mit Schrödinger hat Popper als die interessantesten und aufregendsten bezeichnet, die er je mit Physikern geführt hat.

Popper gehörte auch zu den Mitbegründern der „Philosophy of Science Group", aus der sich die „British Society for the Philosophy of Science" entwickelte, deren Vorsitz er 1951 übernahm. Auch an der Zeitschrift der Gesellschaft, „The British Journal for the Philosophy of Science", arbeitete er aktiv mit. Wenn es eine Periode gab, in der Popper einen regen sozialen und interdisziplinären Austausch mit Kollegen in Großbritannien pflegte, so waren es die ersten Nachkriegsjahre.

Eine positive Erfahrung machte er auch mit der ersten Nachkriegsgeneration von Studenten, die er an der LSE antraf. Oft waren es schon ältere, aus dem Krieg heimkehrende, bildungshungrige Soldaten. Anders als in Christchurch empfand Popper das Lehren nicht mehr als Last, sondern als Freude: „Die LSE war damals, gleich nach dem Krieg, eine wunderbare Institution. Sie war noch klein genug, um es zu ermöglichen, dass jeder Lehrer seine Kollegen kannte. Die jungen Lehrer waren hervorragend und die Studenten ebenfalls. Es gab sehr viele Studenten – die Vorlesungen waren überfüllt, mehr als in meiner späteren Zeit an der LSE –, und sie waren lernbegierig und wussten zu schät-

zen, was ihnen geboten wurde. Sie waren sehr aufnahmebe-
reit und ein Ansporn für den Lehrer." (GW 15, 180 [A 173])

Popper war ein beeindruckender, geistig höchst anre-
gender und unorthodoxer Lehrer. Er kam nur mit wenigen
Notizen in die Vorlesung und verblüffte die Studenten mit
ungewöhnlichen Fallbeispielen. Er war in höchstem Maße
überzeugt von dem, was er sagte, und er wollte seine Zuhörer überzeugen. John W.N. Watkins (1924–1999), der unter den damaligen Zuhörern war, hat beschrieben, wie der
Lehrer Popper in seiner Mischung aus „Ernsthaftigkeit,
Klarheit und Überzeugung" eine beinahe „hypnotische"
Wirkung ausübte. Doch er konnte auch witzig, unakade-
misch und polemisch sein. So begann er etwa eine Vorlesung mit der Bemerkung, er sei zwar Professor für wissenschaftliche Methode, doch leider gebe es überhaupt keine
wissenschaftliche Methode – sondern nur ein paar „Faust-
regeln".

Doch es gab auch schon die ersten Konflikte. Kurz nach
seiner Niederlassung in London wurde Popper zu einem
Vortrag im „Moral Science Club" in Cambridge eingeladen, den er noch aus Vorkriegszeiten kannte. Auch Russell
war unter den Zuhörern. Am 25. Oktober 1946 kam es zu
dem denkwürdigen Zusammenstoß mit Wittgenstein, der
in verschiedenen Versionen berichtet wird.

Popper hatte zum Thema seines Vortrags die Frage gewählt: „Gibt es philosophische Probleme?" Wittgenstein,
der bekannt für seine Auffassung war, dass die philosophischen Probleme gar keine echten Probleme sind, sondern
lediglich durch Missbrauch und Missverstehen der All-
tagssprache entstandene Scheinprobleme, forderte Popper
auf, Beispiele für echte philosophische Probleme zu nennen. Popper nannte u.a. die Probleme der Verlässlichkeit
sinnlicher Wahrnehmung und der Induktion. Wittgen-

stein tat sie als mathematische, logische oder linguistische Probleme ab. In Poppers Erinnerung entwickelte sich die Szene nun folgendermaßen: „Daraufhin nannte ich moralische Probleme und das Problem der Gültigkeit moralischer Regeln. An diesem Punkt sagte Wittgenstein, der beim Feuer saß und nervös mit dem Schürhaken gespielt hatte, den er gelegentlich wie einen Dirigentenstab benutzte, um seine Behauptungen zu unterstreichen: ‚Geben Sie ein Beispiel für eine moralische Regel!' Ich erwiderte: ‚Man soll einen Gastredner nicht mit einem Schürhaken bedrohen.' Daraufhin warf Wittgenstein ärgerlich den Schürhaken hin, stürmte aus dem Raum und schlug die Tür hinter sich zu." (GW 15, 184 [A 176f][)

Nach anderen Darstellungen haben sich die beiden Kontrahenten gegenseitig mit dem Schürhaken bedroht und vorgeworfen, wirres Zeug zu reden. Tatsache scheint zu sein, dass sich in der höflichen und gepflegten Atmosphäre eines britischen akademischen Clubs zwei höchst reizbare und nicht gerade diskret auftretende Mitteleuropäer begegneten, die sich nicht ausstehen konnten. Russell selbst hat vermutlich schon an diesem Abend, mit Sicherheit aber später in der Sache die Partei Poppers ergriffen.

1948 besuchte Popper zum ersten Mal die Veranstaltungen des Europäischen Forums in Alpbach in Tirol, das 1945 von Otto Molden (1918–2002) und Simon Moser (1901–1988) als Österreichische Hochschulwochen ins Leben gerufen worden war. Die vielfältigen Veranstaltungen, darunter Vorträge, Seminare, aber auch Konzerte und Symposien, dienten dem Zweck des kulturellen Austauschs und der Völkerverständigung. Es herrschte eine lockere, Hierarchien missachtende und kosmopolitische Atmosphäre, die zahlreiche persönliche Kontakte ermöglichte.

Dieser politische Hintergrund machte es für Popper leichter, den Boden Österreichs wieder zu betreten. Seine Einladung war auf Betreiben Hayeks erfolgt. Bereits bei diesem ersten Auftritt begegnete er dem damals 24-jährigen Paul Feyerabend (1924–1994), der aus Wien angereist war. Feyerabend schildert in seiner Autobiographie seine erste Begegnung mit Popper: „Ich war neugierig auf Popper, der Philosophie unterrichtete. Ich hatte seine *Logik der Forschung* durchgeblättert und mir ein Bild von ihm gemacht: wahrscheinlich war er groß, schlank, ernsthaft und sprach langsam und bedächtig. Er war jedoch das exakte Gegenteil. Er ging vor den Teilnehmern auf und ab und sagte: ‚Wenn Sie mit Philosophen die Herren meinen, die in Deutschland Philosophie-Lehrstühle innehaben, dann bin ich sicher kein Philosoph.‘ Die deutschen Professoren, von denen viele im Publikum saßen, waren nicht gerade amüsiert. Wir Studenten fanden seine Rede jedoch sehr erfrischend." Und später bei einem gemeinsamen Spaziergang „redete [Popper] über Musik, die Gefahren, die von Beethoven ausgingen, das Verhängnis, das Wagner darstellte, er missbilligte, dass ich Reichenbachs ‚Interphänomene‘ … erwähnt hatte und bot mir schließlich das Du an."[2]

Es wurde der Beginn einer langen, fruchtbaren, aber auch äußerst kontroversen Beziehung. Die Szene beleuchtet auch schlaglichtartig einige typische Charaktereigenschaften Poppers: seine spontane Wärme und Herzlichkeit, das gänzliche Fehlen von Arroganz und Standesdünkel, aber auch seine Streitbarkeit und Unnachgiebigkeit in Sachfragen.

---

[2] P. Feyerabend, *Zeitverschwendung*, Frankfurt am Main 1995, S. 98ff.

Poppers abfällige Bemerkung über „deutsche Professoren" war nicht zufällig. Seine Haltung gegenüber Deutschland war von ausgesprochener Distanz, ja von Abneigung geprägt, die er zwar nicht gegenüber deutschen Medien, aber sehr wohl privat äußerte. Die Gründe dafür lagen nicht nur in der deutschen Nazi-Vergangenheit, sondern auch in den geistesgeschichtlichen Traditionen Deutschlands, die er von einem romantischen Irrationalismus bestimmt sah und die in seinen Augen in deutschen Universitäten, in der Sprache der Intellektuellen und auch in der Politik fortlebten. Auffällig milder und offener war sein Verhalten gegenüber Österreichern.

Popper war fortan bei den Tagungen in Alpbach ein häufiger Gast. Seine Anhänger prägten im Laufe der Jahre das intellektuelle Klima dieser Veranstaltung derart, dass man vom Kritischen Rationalismus als der „Alpbacher Dorfreligion" sprach.

Mit seiner Stellung als einfacher Dozent war Popper auf Dauer nicht zufrieden. Er erwartete nicht nur Anerkennung seiner wissenschaftlichen Leistung, sondern auch, wie so oft, eine bessere Bezahlung. Als Viktor Kraft ihm ein Angebot aus Wien übermittelte und Findlay und Eccles Anstrengungen machten, ihn nach Neuseeland zurückzuholen, benutzte er diese Offerten, um an der LSE seine Beförderung durchzusetzen. Mit Erfolg. Zum 1. Januar 1949 wurde er zum ordentlichen Professor für Logik und wissenschaftliche Methode an der Universität London ernannt. Am 15. Februar empfingen ihn seine Studenten im Hörsaal mit Beifall, nachdem sie seine Ernennung aus der *Times* erfahren hatten.

Als eine große Ehre betrachtete Popper auch die Einladung, die ihn 1949 aus den USA erreichte. Er sollte die William-James-Vorlesungen an der renommierten Harvard

Universität zu halten. Im Februar 1950 reiste er mit Hennie auf dem Schiff Queen Mary nach New York. Diesen ersten Aufenthalt in Amerika hat Popper als einen Wendepunkt in seinem Leben beschrieben. Er traf verschiedene Freunde und Bekannte aus der Wiener Zeit wieder, darunter Herbert Feigl, Philipp Frank, Julius Kraft und auch Willard V.O. Quine. Dass seine durch die Nazis politisch verfolgten Freunde, und nicht zuletzt Einstein, in Amerika Zuflucht gefunden hatten, beeindruckte Popper tief. Amerika gab ihm das „Gefühl der Freiheit und der persönlichen Unabhängigkeit, das es in Europa nicht gab" (GW 15, 192 [A 184]), und bestätigte die positive Erfahrung, die er mit angelsächsischen Zivilisationen verband. Besonders beeindruckt war er auch von den Harvard Studenten. An dieser Grunderfahrung konnte auch die von Senator Joseph McCarthy inszenierte Hexenjagd auf Kommunisten und die auch für Popper sichtbare Diskriminierung der schwarzen Bevölkerung nichts ändern. Popper spielte die sozialen Probleme des Landes herunter. Anders als Russell schätzte er auch die Gefahr, dass die USA in eine rechte Diktatur hätten abgleiten können, gering ein.

Popper besuchte auch andere Ostküsten-Eliteuniversitäten wie Princeton und die Yale Universität in New Haven. Zu einem geistigen Erlebnis besonderer Art wurde seine Begegnung mit Einstein in Princeton. Anders als zu Beginn der 20er Jahre in Wien war diesmal Popper der Vortragende und Einstein der Zuhörer. Dass bei seinem Vortrag über Indeterminismus Bohr und Einstein unter seinen Hörern waren, betrachtete er als größtes Kompliment. Nach dem Vortrag blieben Einstein und Bohr im Raum und diskutierten mehrere Stunden mit Popper.

Auf Einladung von Einstein kam es zu insgesamt drei Treffen, bei denen sie über Determinismus und Indeterminismus diskutierten. Wie immer legte Popper einen geradezu missionarischen Eifer an den Tag, um sein Gegenüber von der eigenen Position zu überzeugen: „Ich versuchte ihn dazu zu überreden, seinen Determinismus aufzugeben, der auf die Ansicht hinauslief, die Welt sei ein vierdimensionales, parmenideisches, abgeschlossenes System, in dem Veränderungen nichts anderes sein konnten oder beinahe nichts anderes als eine menschliche Illusion." (GW 15, 192f [A 185]) Doch Poppers Versuche, Einstein für ein „offenes Universum" zu begeistern, waren vergeblich. Einstein hielt weiterhin an seiner Devise „Gott würfelt nicht" fest.

Die Vortragsreise in die USA war auch in finanzieller Hinsicht für Popper ein Gewinn. Er erhielt pro Vorlesung 600\$. Kaum zurückgekehrt, stürzten sich die Poppers in ein weiteres finanzielles Abenteuer. Sie kauften „Fallowfield", ein westlich von London, in dem kleinen Ort Penn in Buckinghamshire, gelegenes Haus, nahe High Wycombe. Die bedeutete nicht nur eine hohe Hypothekenlast, das in einem schlechten Zustand befindliche Haus musste auch gründlich renoviert werden. Im Oktober 1950 bezogen die Poppers schließlich Fallowfield, wo sie bis zum Tode Hennies bleiben sollten.

Splendid Isolation in Fallowfield

Mit dem Umzug nach Penn begann der Rückzug Poppers aus sozialen Aktivitäten in eine private abgeschottete Existenz. Er hatte das neue Haus mit Bedacht gewählt: Es war der von London am weitesten entfernte Ort, der noch mit seiner Residenzpflicht vereinbar war. Sie schrieb einen Wohnort im Umkreis von 30 Meilen vor. Weder durch Bus

noch durch einen Zug direkt erreichbar, lag das Haus an
einer abgelegenen, mit künstlichen Höckern bestückten
Privatstraße, um unerwartete Störungen durch Besucher
möglichst abzuwenden. Wer sich dennoch nicht entmutigen ließ und keinen Wagen besaß, musste den Zug nach
High Wycombe besteigen und dort ein Taxi nehmen, ein
Stück Bus fahren oder zu Fuß gehen.

Fallowfield war eine Idylle: Die einzigen Geräusche, die
ans Ohr drangen, waren das Zwitschern der Vögel und
das Klappern von Hennies Schreibmaschine, mit der sie
im ersten Stock wie eh und je Poppers Manuskripte ab-
tippte. Die Ernährungsgewohnheiten beider Poppers be-
reiteten Freunden und Bekannten Kopfzerbrechen, denn
es war bekannt, dass Hennie sehr selten kochte. Auch
ganztätige Besucher mussten mit Tee, Kaffee, Keksen oder
Sandwiches vorlieb nehmen. Zwar kannte man Poppers
Vorliebe für Wiener Spezialitäten wie Topfenknödel, Kai-
serschmarren und Sachertorte, doch schien er sich vor
allem von Schweizer Schokolade zu ernähren. Man spöt-
telte, dass das Kochen eines Frühstückseis im Popperschen
Haushalt große Aufregung verursache und dass die Poppers die einzigen Menschen seien, die Zucker unmittelbar
in Proteine umwandeln könnten.

Freizeit blieb für Popper ein Fremdwort. Sein Arbeits-
jahr hatte 365 Tage. Zur Entspannung las er zuweilen klassische englische Gesellschaftsromane des 19. Jahrhunderts,
vor allem Jane Austen und Anthony Trollope. Neben der
Arbeit war die Musik die einzige mit Hingabe betriebene
Beschäftigung. In seinem mit Büchern übersäten Arbeits-
raum stand nun auch wieder ein alter Bechstein-Flügel, der
später durch einen neuen „Steinway" ersetzt wurde. Ein
Auto schaffte sich Popper nicht wieder an, auch auf einen

Fernseher verzichtete er. In den 60er Jahren wurde auch der Bezug der Tageszeitung, der *Times*, eingestellt.

Dieses ganz der philosophischen Arbeit gewidmete Leben wurde lediglich durch Einladungen zu Tagungen, Kongressen und Vorlesungen unterbrochen. Auch an der Universität machte er sich fortan rar. Er verbrachte nur noch einen Tag pro Woche in London, um seinen Lehrverpflichtungen nachzukommen. Sein Lehrdeputat verringerte sich zeitweise auf vier Wochenstunden. Man bewilligte ihm einen eigenen Forschungsassistenten, der ihm die Bücher besorgte und nach Penn brachte. Eine sich mit den Jahren immer mehr verstärkende Abneigung gegen das Rauchen trug ebenfalls dazu bei, dass Popper sich immer weniger in öffentlichen Institutionen aufhielt. Wer mit ihm sprechen oder arbeiten wollte, musste fortan nach Penn pilgern, eine obligatorische Übung für mehrere Generationen von Studenten, akademischen Mitarbeitern und Besuchern.

Im persönlichen Gespräch blieb Popper ganz der alte: Es waren ausschließlich die philosophischen Probleme, die ihn interessierten und die er mit Streitlust und Überzeugungseifer anging. Der Philosoph und Publizist Bryan Magee (geb. 1930), der seit 1958 zu einem seiner engsten philosophischen Vertrauten wurde, hat einen seiner typischen Besuche in Fallowfield geschildert: „Vor meinem ersten Besuch erklärte er mir, ich solle von St. Marylebone aus mit der Bahn nach Havacombe fahren und mir dort ein Taxi nehmen. Ich hatte noch nie von Havacombe gehört, dachte mir aber nichts Böses. Als ich dann eine Fahrkarte kaufen wollte, hieß es dann allerdings, einen Bahnhof namens Havacombe gebe es nicht. Erst nach längerer Diskussion stellte sich schließlich heraus, dass das Problem wohl bei Poppers Akzent lag – er hatte „High Wycombe" gemeint … . Sobald ich das Haus betrat, packte Popper mich normalerweise am Arm und stürzte sich voller Enthusiasmus, aber auch mit fast erschreckender Energie, auf das Problem, das ihm gerade zu schaffen machte. Wenn es nicht gerade regnete, führte er mich sofort in den Garten, ohne in seinem Wortschwall auch nur die geringste Pause einzulegen. Dort wanderten wir dann gemächlich umher, und oft brachte er uns beide zum Stehen, in dem er meinen Arm noch fester ergriff und mir grimmig in die Augen starrte, während er mir einen Punkt ganz besonders vehement auseinandersetzte. Sein emotionales Engagement bei diesen Erörterungen war wirklich phänomenal; es wäre durchaus nicht übertrieben, von ‚flammender Intensität' zu sprechen … . Wenn ich erwähnte, was mich neben der Philosophie gerade interessierte – Freunde, Musik, Theater, Reisen, die aktuelle politische Lage – versuchte er erst gar nicht, sein Desinteresse zu verbergen. Wenn ich dann auf meinem Thema beharrte, fand er einen Grund, unser Treffen früher zu beenden als geplant."[3]

Popper hat sich im Rückblick auf diese Zeit als „den glücklichsten Philosophen" bezeichnet. Feigl, der ihn 1954 in Penn besuchte, sprach von Poppers „splendid isolation". Doch es war eine retuschierte Idylle. Die frühen 50er Jahren waren für beide Poppers keineswegs glücklich. Der Hauskauf und die notwendigen Reparaturarbeiten erwiesen sich als eine schwere finanzielle Belastung. Die Geldsorgen hatten wieder begonnen. Auch gab es anfangs noch keine installierte Heizung. Popper, der dazu neigte zwischen Euphorie und Depression hin und her zu

---

[3] B. Magee, *Bekenntnisse eines Philosophen*, München 1998, S. 280f.

schwanken, fiel wieder in ein Stimmungstief. Die mit dem Umzug verbundenen körperlichen Anstrengungen machten sich bemerkbar. Im April 1952 hatte Hennie einen Zusammenbruch. Sie fiel in Ohnmacht und brach sich dabei einen Wangenknochen. Ein halbes Jahr war sie in ärztlicher Behandlung, wobei jeder einzelne Arztbesuch privat abgerechnet werden musste.

Die zunehmende soziale Isolation war nicht gänzlich selbst gewählt. Schon mit dem Weggang Hayeks, der 1948 einen Ruf nach Chicago angenommen hatte, verschlechterte sich für Popper das Klima an der LSE. 1951 schrieb er an Hayek, dass seit seinem Weggang nichts mehr so sei wie früher und dass er keine Freunde mehr an der LSE habe.

In die Philosophieszene Englands wurde er nie integriert. Diese wurde in der 50er Jahren von der Oxforder sprachanalytischen Philosophie beherrscht, dessen führende Köpfe, Gilbert Ryle und John L. Austin (1911–1960), sich an den späten Wittgenstein der *Philosophischen Untersuchungen* (1953) anlehnten. Popper wurde auf Grund seiner Veröffentlichungen zwar freundlich aufgenommen und mit Respekt behandelt. Aber seine philosophischen Ansichten, insbesondere seine äußerst kritische Einstellung gegenüber Wittgenstein, sowie seine Kritik an der Tendenz der sprachanalytischen Philosophie, alle wichtigen Probleme der Philosophie zu Scheinproblemen zu erklären, stießen auf wenig Sympathie.

Dazu kamen Irritationen, die Popper immer wieder auf seinem Weg begleiteten und die er mit seinem aggressiv selbstbewussten Auftreten provozierte. Er neigte dazu, zu deutlich zu zeigen und darauf zu beharren, dass er Recht hatte. Kollegen fühlten sich abgestoßen, wenn er ihnen ins Wort fiel und sie öffentlich abkanzelte. Popper spürte die soziale Kälte um ihn herum und bat Peter Medawar, ihm offen zu sagen, wo die Ursachen lägen. Medawar wandte sich an Ryle, der zu verstehen gab, dass Poppers autoritäres und taktloses Verhalten Ursache vieler Verstimmungen sei.

Darunter litt offenbar auch seine Lehre. Findlay, der 1951 aus Neuseeland herüberkam und Poppers Seminar besuchte, registrierte, dass Popper ein höfisches und autoritäres Gehabe angenommen habe. Popper selbst war von den Studenten der 50er Jahre enttäuscht. Es kamen nun die normalen Schulabgänger, die den Studienbetrieb eher routiniert angingen. Er vermisste den Bildungsenthusiasmus der ersten Nachkriegsjahre und hatte nicht mehr die frühere Freude am Lehren.

Poppers Anwesenheitstag an der Universität war der Dienstag. Morgens um 11 Uhr hielt er seine Vorlesung. Am Nachmittag fand das berühmte „Popper-Seminar" für Fortgeschrittene statt. Popper erklärte seine Vortragsweise als „Spiralmethode": Er begann mit der Aufstellung einer These, die er dann immer wieder mit Argumenten umkreiste. Fragen von Studenten waren ausdrücklich erwünscht.

Doch der ehemalige Hauptschullehrer und Student der Lernpsychologie stellte die psychischen Nehmerqualitäten seiner Studenten auf eine harte Probe. Poppers Seminare waren nichts für Teilnehmer mit einem schwachen Ego. Erwartet wurden hohe Konzentration, eine strikt problemorientierte Diskussionshaltung und vor allem eine glasklare sprachliche Ausdrucksweise. Es ging häufig stürmisch zu, eine Schonzeit für Anfänger gab es nicht. Die Teilnehmer mussten sich daran gewöhnen, dass Popper sie sofort unterbrach, wenn sie unlogisch oder unpräzise argumentierten, und ihre Argumente gnadenlos destruierte. Prätentiösen intellektuellen Jargon konnte er nicht ausstehen. „Versuchen Sie nicht mich zu beeindrucken!"

fuhr er den Sprecher dann an. Für viele, wie z.B. für seinen späteren Assistenten Alan Musgrave (geb. 1940), waren Poppers Seminare jedoch wie eine Droge, die sie nicht
mehr missen wollten. Musgrave besuchte Poppers Veranstaltungen regelmäßig 12 Jahre lang. Doch für andere
war es ein einschüchterndes und abschreckendes Erlebnis.
Nicht zufällig bürgerte sich an der LSE der Spitzname „der
totalitäre Liberale" für den Mann ein, der philosophisch
die freie kritische Auseinandersetzung auf seine Fahnen
geschrieben hatte.

Wirklichkeit, Wahrheit, Wahrheitsähnlichkeit

In seiner zweiten Lebenshälfte konzentrierte sich Popper
auf die Erläuterung, Kommentierung, Erweiterung und
Korrektur der Grundgedanken, die er in seinen beiden
großen Hauptwerken, der *Logik der Forschung* und der *Offenen Gesellschaft und ihre Feinde*, formuliert hatte. Seine
Publikationen nach dem Zweiten Weltkrieg waren zum
größten Teil Aufsätze, die zunächst verstreut an verschiedenen Orten veröffentlicht wurden, aber später meist in
Sammelbände aufgenommen wurden. In den Arbeiten der
50er und 60er Jahre treten die Probleme der Sozialphilosophie gegenüber denen der Wissenschafts- und Erkenntnistheorie wieder in den Hintergrund.

In Großbritannien und in der englischsprachigen Welt
wurde die Rezeption von Poppers Wissenschaftstheorie
freilich dadurch erschwert, dass die *Logik der Forschung*
nach dem Zweiten Weltkrieg nicht mehr erhältlich war
und zudem nur in deutscher Sprache vorlag. Hennie war
der Meinung, dass auf diesem Gebiet die eigentlich Le-

bensleistung ihres Mannes liege, und sie drängte ihn zu einer englischen Übersetzung. Nach einer Nacht, in der ihn Hennie weinend bestürmt hatte, machte sich Popper schließlich 1955 an die Arbeit. Er stützte sich dabei auf ältere Übersetzungsversuche. Dabei sichtete er auch das angesammelte neue Material und begann es zu einem eigenen Buch auszuarbeiten, das als Begleitband zur englischen Ausgabe der *Logik der Forschung* unter dem Titel *Postscript: After Twenty Years* erscheinen sollte. Doch als die Korrekturfahnen beider Bände Anfang 1957 vorlagen, wurde Popper von einem Augenleiden heimgesucht. Das Korrekturlesen wurde zu einem Alptraum. Er fuhr nach Wien, um sich von einem Spezialisten operieren zu lassen. Doch auch nach der Operation verzögerten sich die Arbeiten am *Postscript* weiter. Die englische Fassung der Logik der Forschung erschien 1959, das *Postscript* erschien erst in den 80er Jahren in einer erweiterten dreibändigen Fassung.

Ähnliche Themen wie im *Postscript* behandelt Popper auch in der Aufsatzsammlung *Vermutungen und Widerlegungen* (1963), seinem dritten großen Werk. Insbesondere liefert er darin eine Rechtfertigung des erkenntnistheoretischen Realismus, also der Annahme, dass es eine bewusstseinsunabhängige Wirklichkeit gibt, die der menschlichen Erkenntnis zugänglich ist. In engem Zusammenhang mit dem Realismus entwickelt Popper auch seine Theorie des Erkenntnisfortschritts, der zufolge in der Entwicklung der Wissenschaften sich eine Annäherung an die Wahrheit vollzieht.

Besonderen Nachdruck hat Popper in *Vermutungen und Widerlegungen* auch auf die allgemeine These der Fehlbarkeit menschlicher Erkenntnis gelegt. Seine frühere Auffassung, dass wissenschaftliche Theorien sich nicht beweisen lassen, erweitert er nun zu der These, dass kein Bereich des menschlichen Erkennens gegen Irrtümer geschützt ist. Die Anerkennung des hypothetischen Charakters wissenschaftlicher Aussagen wird damit zum sogenannten „Fallibilismus": Alles menschliche Erkennen ist „fallibel", d.h. fehlbar. Nicht nur das Operieren mit Theorien über die Welt, sondern auch das Urteilen über Erfahrungen und Tatsachen, ja selbst Logik und Mathematik sind nicht gegen Irrtümer immun. Anders als so viele Philosophen seit Descartes, die immer wieder die absolute, zweifelsfreie Gewissheit gesucht haben, hält Popper die Suche nach Gewissheit nicht nur für aussichtslos, sondern er betrachtet sie sogar als den Ursprung so mancher philosophischer Irrwege.

Dass keine Instanz und keine Quelle menschlicher Erkenntnis Unfehlbarkeit beanspruchen darf, ist z.B. die These des Aufsatzes „Von den Quellen unseres Wissens und unserer Unwissenheit" (1960). Für Popper waren die beiden großen erkenntnistheoretischen Traditionen der Neuzeit, Rationalismus und Empirismus, im Grunde autoritäre Denkweisen, die die Autoritäten der Vergangenheit, wie die Bibel oder die Schriften des Aristoteles, durch neue unantastbare Autoritäten, nämlich die Autorität des Verstandes bzw. die Autorität der Sinne, ersetzt haben. Macht man dagegen mit der Anerkennung der menschlichen Fehlbarkeit ernst, dann braucht man nicht nur keine Autoritäten, sondern es ergibt sich als wichtige praktische Folge die Forderung nach Toleranz.

Den Realismus hat Popper seit den 50er Jahren leidenschaftlich propagiert. In dem Aufsatz „Kübelmodell und Scheinwerfermodell: zwei Theorien der menschlichen Erkenntnis" (1948/49), der schließlich in das Buch *Objektive Erkenntnis* (1972) aufgenommen wurde, bezeichnet er den menschlichen Intellekt als einen Scheinwerfer, der sich mit selbst produzierten Hypothesen auf die Realität richtet, um ihre Wahrheit zu testen. Auch der Aufsatz „Drei Ansichten über die menschliche Erkenntnis" (1956) enthält eine Auseinandersetzung mit den nicht-realistischen Auffassungen wissenschaftlicher Theorien. Popper kritisiert darin insbesondere die instrumentalistische Auffassung, dass Theorien bloße Instrumente zu wissenschaftlichen Berechnungen von Phänomenen sind, aber keine wahren Beschreibungen der Realität darstellen.

Ein Plädoyer für Realismus und Indeterminismus ist auch das im gleichen Zeitraum entstandene *Postscript*. In ihm versucht Popper, die wissenschaftstheoretischen Positionen, die in der *Logik der Forschung* zum Teil offen vertreten, zum Teil vorausgesetzt wurden, in Auseinandersetzung mit der modernen Physik weiterzuentwickeln. Eine realistische Deutung erfahren die Quantenmechanik und die Wahrscheinlichkeit als Verwirklichungstendenzen („Propensitäten").

Mit der Anerkennung des Realismus war jedoch die Frage nicht gelöst, wie zwischen konkurrierenden Theorien entschieden werden kann, die nicht falsifiziert sind. Welche davon ist eine bessere Annäherung an die Wirklichkeit, welche ist „wahrer"? Zu dem damit gegebenen Problem des Erkenntnisfortschritts hat Popper eine Lösung vorgeschlagen, die von den Popper-Schülern intensiv diskutiert wurde.

In der *Logik der Forschung* hatte Popper zwar davon gesprochen, dass sich die Wissenschaft der Wahrheit annähere, indem alte Theorien widerlegt und durch neue bessere ersetzt werden. Doch die Frage des Erkenntnisfortschritts hatte dabei nur eine marginale Rolle gespielt. In dem Aufsatz „Wahrheit, Rationalität und das Wachstum der wissenschaftlichen Erkenntnis" (1960) entwickelte er diese Position weiter. Eine bessere Theorie zeichnet sich, wie Popper nun an konkreten Fällen nachzuweisen versucht, dadurch aus, dass sie eine größere Erklärungskraft (oder einen größeren empirischen Gehalt) hat und dass sie sich zumindest genauso gut durch Erfahrung bewährt hat wie die mit ihr konkurrierenden Theorien. Musterbeispiele wissenschaftlichen Fortschritts sieht Popper in der Ersetzung der Theorien Keplers und Galileis durch Newtons Mechanik sowie in der Ersetzung von Newtons Mechanik und Maxwells Elektrodynamik durch Einsteins Relativitätstheorie. In beiden Fällen wurden ältere, in bestimmten Bereichen gut bewährte Theorien durch eine neue Theorie ersetzt, die neben den alten auch ganz neue Phänomene erklären und voraussagen konnte. Die älteren Theorien lassen sich nach Popper als Spezialfälle der jeweils neuen, umfassenderen Theorie begreifen. Einen solchen Erkenntnisfortschritt begreift er nunmehr ausdrücklich als Annäherung an die Wahrheit. Hier führt Popper den Begriff der „Wahrheitsähnlichkeit" („verisimilitude") ein. Bessere Theorien sind durch die Erweiterung ihres Erklärungsumfangs „wahrheitsähnlicher" als ihre Vorgänger.

Die ersten Popperianer

Trotz der Isolation innerhalb der englischen Philosophieszene begann sich Poppers Philosophie, der Kritische Rationalismus, auszubreiten. Maßgeblich dazu beigetragen hat eine Reihe von hochbegabten Schülern, die aus aller Welt nach London kamen, um sich in die philosophische Lehre Poppers zu begeben.

Poppers Verhältnis zu seinen Schülern war innig, fruchtbar, aber auch explosiv und konfliktreich. Die Gründe lagen in Poppers komplexer Persönlichkeitsstruktur. Er war
ein engagierter, fürsorglicher und warmherziger philosophischer Lehrer ohne jeden Dünkel. Doch andererseits
war er höchst empfindsam, rechthaberisch und nachtra-
gend. So entwickelten sich viele Beziehungen zu seinen
Schülern nach einem ähnlichen Muster: Nach einer Phase,
in der die Schüler dem Meister in Verehrung und dieser ihnen in freundschaftlicher Fürsorge verbunden war, kam es
in dem Augenblick zum Bruch, wenn ein Schüler eine ei-
genständige philosophische Position entwickelte und sie in
Vortrag oder Schrift gegen den Meister vertrat. Er wurde
verstoßen – in der Regel für immer. Popper litt körperlich
unter den Konflikten mit seinen Schülern, aber er vergab
und verzieh selten. Auf die Kritik seiner Schüler ging er in
seinen Schriften fast nie ein. Die Popper-Schule ist aber
nicht nur durch solche Lehrer-Schüler-Konflikte gekennzeichnet, sondern die Popperianer schossen auch untereinander vergiftete Pfeile ab.

John W.N. Watkins hatte seine ersten Vorlesungen bei
Popper bereits im Herbst 1947 gehört. 1958 wurde er Dozent an der LSE. Sein gutes Verhältnis zu Popper hielt immerhin bis 1982. Thomas S. Kuhn (1922–1996) nahm an
Poppers Seminar teil, als dieser 1950 in Harvard weilte,
und hat ihn später mit seiner These von den „wissenschaftlichen Revolutionen" herausgefordert. Ralf Dahrendorf
(1929–2009) kam aus Deutschland nach London, um Popper zu hören. In den 60er Jahren hat er dazu beigetragen,
Poppers Namen in Deutschland bekannt zu machen.

Paul Feyerabend, gerade promoviert, machte sich 1952
mit einem Stipendium des British Council auf den Weg
nach London, um bei Popper über Quantenmechanik zu

arbeiten. Feyerabend, ein ebenso charmanter wie spitzzüngiger Wiener, blieb lange einer der Lieblinge des Meisters. Er lehnte es zwar ab, ein Jahr später Poppers Assistent zu werden, doch blieb er, anders als er es selbst später darstellte, noch bis in die 60er Jahre hinein ein überzeugter Popperianer. 1953 übersetzte er *Die Offene Gesellschaft* ins Deutsche.

Joseph Agassi (geb. 1927), Poppers langjähriger Assistent, folgte ihm 1953 aus Israel. Agassi und Feyerabend waren 1953 mehrmals zusammen nach Fallowfield eingeladen. Sie fuhren mit dem Zug nach High Wycombe, frühstückten gemeinsam und nahmen dann einen Bus. Den Rest der Strecke legten sie zu Fuß zurück. In Fallowfield verbrachten sie den Tag zu Füßen Poppers und diskutierten über Physik und Wissenschaftstheorie. Beide blieben über viele Jahre befreundet, bis Feyerabends polemische Spitzen das Verhältnis trübten. Seine Bemerkung, er sei nicht Poppers Assistent geworden, um nicht wie Agassi am Gängelband gehalten zu werden, kam bei diesem nicht gut an. Agassi konterte, Feyerabend habe die Tatsache verdrängt, Popper zu Füßen gesessen zu haben.

Bei beiden kam es zum Bruch mit Popper, mit dem Unterschied, dass Feyerabend ihn selbst herbeiführte, während Agassi ihn sein Leben lang beklagte. Eine erste Verstimmung zwischen Agassi und Popper trat 1956 ein, als Agassi erklärte, seine „Schulzeit" sei vorbei. Danach kam es bis zu seinem Ausscheiden 1960 zu mehreren, auch persönlichen Kontroversen, die ihr Verhältnis nachhaltig belasteten. Trotz verschiedener, vor allem von Agassi betriebener Versöhnungsversuche blieb ihr Verhältnis gestört. 1978 kam es in Alpbach zu einem Eklat, als Agassi, nachdem er einen Einwand zu Poppers Ausführungen vorsichtig formulierte hatte, von diesem wie ein Schuljunge abgekanzelt wurde. Die am gleichen Abend im „Böglerhof" mühsam erreichte Versöhnung war nicht von langer Dauer.

Feyerabend hingegen löste sich in den 60er Jahren endgültig vom Kritischen Rationalismus, als er eine „anarchistische Erkenntnistheorie" zu entwickeln begann. Die philosophischen Eskapaden seines ehemaligen Schülers quittierte Popper im vertrauten Kreis mit einem „Silly Paul!", in dem Bedauern als auch Zuneigung mitschwang. Doch dessen Schriften ignorierte er fortan.

Auch in der zweiten Hälfte der 50er Jahre zog Popper Studenten und junge Wissenschaftler aus dem Ausland an. Ian Jarvie begann sein Studium an der LSE 1955, Alan Musgrave 1958. Im selben Jahr kam auch William Bartley (1934–1990) aus Harvard und avancierte sofort zum Star am Institut. Bartley hat den Kritischen Rationalismus zu einer universalen („pankritischen") Rationalitätstheorie verallgemeinert. Nach einer Kritik, die er Popper gegenüber auf einem Kongress in London 1965 übte, sprach dieser zehn Jahre nicht mehr mit ihm. Sie versöhnten sich schließlich wieder in Hans Alberts Heidelberger Wohnung, nachdem dieser die beiden in den Keller geschickt hatte, wo sie sich aussprachen. Doch das Verhältnis war danach nie mehr wie zuvor. Dennoch wurde Bartley zum wichtigsten Propagandisten Poppers in den USA.

Ebenfalls 1958 traf der Ungar Imre Lakatos (1922–1974) ein, eine der schillerndsten Persönlichkeiten unter den Popper-Schülern. Lakatos hatte an der Moskauer Lomonossow Universität Mathematik studiert und wurde als Mitglied der ungarischen KP in die stalinistischen Machtintrigen verwickelt. 1950–53 war er inhaftiert. Nach dem Ungarnaufstand 1956 verließ er Budapest in Richtung Wien, von wo Viktor Kraft ihn nach London zu Braithwaite schickte, ihm aber von Popper als einem sehr schwierigen Menschen abriet. Dessen ungeachtet ging er zu Popper und wurde 1960 Nachfolger Agassis als Poppers Assistent und rechte Hand an der LSE.

Das Verhältnis zwischen beiden war zunächst persönlich außerordentlich eng. Der Bruch kam 1969, als Lakatos seinen Beitrag für den von Paul A. Schilpp herausgegebenen Band über Popper in der „Library of Living Philosophers" schrieb. Lakatos' zentrales Thema war die Bedeutung des Pluralismus miteinander konkurrierender Theorien, die er anhand von Untersuchungen zur Mathematik herausarbeitete. In seinem Schilpp-Beitrag behauptet er, dass Popper weder das Induktionsproblem noch das Abgrenzungsproblem gelöst habe. Lakatos starb 1974, kurz nach Erscheinen des Bandes. Doch Popper verzieh ihm seine Kritik nicht und erwähnte ihn in seinen Schriften nie mehr.

Den wichtigsten deutschen Vertreter des Kritischen Rationalismus, Hans Albert (geb. 1921), lernte Popper 1958 in Alpbach kennen. Er gestand ihm bei dieser Gelegenheit, dass er der erste Deutsche sei, dem er nach dem Krieg die Hand gebe. Die Tatsache, dass Alberts Frau Gretl Österreicherin war, mag den Kontakt erleichtert haben. Poppers Verhältnis zu dem gelernten Ökonomen und Soziologen Albert war eine Ausnahme in all den konfliktreichen Lehrer-Schüler Beziehungen. Albert, ein humorvoller und streitlustiger Kölner, hatte allerdings nie bei Popper studiert, sondern ging in Deutschland seinen eigenen akademischen Weg als Professor für „Soziologie und Wissenschaftslehre" in Mannheim. Von 1955 an hatte er die Alpbacher Hochschulwochen besucht. Durch Popper vom Positivismus abgekommen, verteidigte er fortan den Kritischen Rationalismus gegen die Frankfurter Schule. Wenn er auch nicht immer mit Popper übereinstimmte, vermied er doch direkte Angriffe. Ihm kommt das Verdienst zu, Poppers Philosophie in Deutschland eingeführt und populär gemacht zu haben. Unterstützt wurde er dabei von seiner Frau Gretl, die einige Schriften Poppers ins Deutsche übersetzte. Für Popper war Albert der unverzichtbare Heerführer auf dem deutschen Schlachtfeld. Beide sahen sich bis zu Poppers Tod häufig in Heidelberg, Alpbach oder auch in Wien.

Wenngleich Popper sich persönlich von vielen ehemaligen Schülern lossagte und auf ihre publizierte Kritik in seinen späteren Schriften nicht offen reagiert hat, haben in seinem Werk die intensiven Diskussionen mit seinen Schülern doch ihren Niederschlag gefunden.

Kritik vom „Wespennestclub"

Mit Poppers Aufstieg zu einem der führenden Philosophen wurde auch seine Wissenschaftstheorie Gegenstand kontroverser Debatten. Dabei haben nicht nur Philosophen anderer Lager, sondern gerade auch Poppers Schüler gewichtige Einwände vorgebracht. Intern nannte er diese Kritiker den „Wespennestclub".

Eine Debatte, die Popper bereits seit seiner Wiener Zeit wiederholt geführt hatte, war die Auseinandersetzung mit Carnap über *Induktive Logik und Wahrscheinlichkeit*, wie ein gleichnamiges Buch von Carnap aus dem Jahre 1959 hieß. In der *Logik der Forschung* hatte Popper die Auffassung vertreten, dass die Wahrscheinlichkeit von Hypothesen nicht als statistische Wahrscheinlichkeit (Ereigniswahrscheinlichkeit) zu verstehen ist. Es gibt daher nach Popper auch nicht so etwas wie eine induktive Bestätigung von Hypothesen, sondern lediglich eine „Bewährung" von

Theorien, die jedoch nichts anderes ist als ein Bericht über die bisherigen Leistungen einer Theorie. Carnap hielt dagegen daran fest, dass Schlüsse von gegebenen Beobachtungen auf allgemeine Gesetze in einem präzisen Sinne als induktive oder Wahrscheinlichkeitsschlüsse interpretiert werden können.

Zu einem frühen Kritiker Poppers wurde Imre Lakatos in seinem Buch *Beweise und Widerlegungen* (1963). Lakatos hielt zwar an der Falsifizierbarkeit wissenschaftlicher Theorien fest, doch hat er den Falsifikationismus mit verschiedenen Einschränkungen versehen. So behauptet er, dass eine wissenschaftliche Hypothese oder Theorie nie isoliert, sondern nur als Teil eines größeren Theoriezusammenhangs, eines sog. „wissenschaftlichen Forschungsprogramms", beurteilt werden kann. Eine Theorie kann nur dann als falsifiziert gelten, wenn sie Teil eines veralteten Forschungsprogramms ist, das zugunsten eines neuen aufgegeben worden ist. Den Begriff der „Wahrheitsähnlichkeit" begrüßte Lakatos, doch meinte er, dass damit eine schwache Form von Induktion anerkannt werde.

Eine große Herausforderung für Popper bedeutete die Kritik an seiner Wissenschaftstheorie durch Thomas S. Kuhn. Im Juli 1965 kam es in London auf einem von Lakatos organisierten internationalen Kongress zu einer Konfrontation der Ansichten Poppers und Kuhns über Fragen des Erkenntnisfortschritts. Kuhn versuchte zu zeigen, dass die normale Wissenschaft keineswegs so rational und kritisch verfährt, wie sie es nach Popper eigentlich tun müsste. Sie ist normalerweise nicht damit beschäftigt, Theorien zu testen, sondern Bestätigungen und erfolgreiche Anwendungen einer herrschenden Theorie zu suchen. Doch auch in Zeiten der Krise, wenn eine gut bestätigte Theorie („Paradigma") erschüttert wird, erfolgt der Übergang von einer Theorie zu einer anderen, also ein „Paradigmenwechsel" durch eine „wissenschaftliche Revolution", die mehr das Ergebnis eines Machtkampfes oder eines Glaubenskrieges ist als das einer rationalen Diskussion. Dieser irrationale Charakter der Wissenschaft rührt nach Kuhn daher, dass auch wissenschaftliche Theorien letztlich nicht widerlegt werden können und dass zwischen rivalisierenden Theorien nicht definitiv entschieden werden kann.

Popper hat Kuhns Kritik keineswegs rundheraus abgelehnt. Er hat zugestanden, dass Kuhns Beschreibung des tatsächlichen Vorgehens der Wissenschaftler für einige Phasen durchaus zutreffen könnte. Wissenschaftler sind mitunter tatsächlich weit weniger rational, als sie eigentlich sein sollten. Aber Kuhns These, dass Theorien unvergleichbar und unwiderlegbar sind, hat Popper als eine Form von Relativismus entschieden zurückgewiesen. Seiner Ansicht nach läßt sich jede Theorie in der Tat gegen widerlegende Erfahrungen abschirmen, aber ein solches Immunisieren ist gerade keine wissenschaftliche Haltung, sondern ein Ausdruck von Dogmatismus, der das Ende der Wissenschaft bedeutet.

Paul Feyerabend hat, im Anschluss an Lakatos und Kuhn, aus der prinzipiellen Unbeweisbarkeit wissenschaftlicher Theorien radikale Konsequenzen gezogen. In seinem Hauptwerk *Wider den Methodenzwang* (1975) versucht er am Fall Galilei zu zeigen, dass neue fruchtbare wissenschaftliche Theorien gerade auch dann entstehen können, wenn Forscher bewusst die Regeln wissenschaftlicher Methode brechen und neue Theorien gegen widerlegende Erfahrungen abschirmen. Keine wissenschaftliche Methode, nicht einmal die Poppersche Falsifikation, kann daher als allgemein gültig gelten. Mit seinem Slogan

„Anything goes" (Alles ist möglich / Mach was du willst) vertritt Feyerabend aber nicht etwa nur einen Pluralismus wissenschaftlicher Methoden. Das eigentlich Provokative seiner Position besteht vielmehr darin, dass er die scharfen Grenzen zwischen Wissenschaft und Nicht-Wissenschaft ausdrücklich aufhebt und damit zu einem Relativismus gelangt, der auch andere, nicht-rationale Formen des Erkennens und Handelns wie Astrologie oder Magie anerkennt. Auf diese „anarchistische Erkenntnistheorie", mit der Feyerabend zum Vordenker der Postmoderne geworden ist, ist Popper nirgends eingegangen, ja er hat sie nicht einmal mehr ernst genommen, wie seine bissige Bemerkung über die „Idiotie moderner Slogans wie ‚Anything goes'" (WdP 106) zeigt.

Der Positivismusstreit

Mit dem sogenannten „Positivismusstreit" rückte in Deutschland Poppers Kritischer Rationalismus zum ersten Mal in den Blick einer breiteren Öffentlichkeit. Ralf Dahrendorf hatte anlässlich des Tübinger Soziologentags von 1961 sowohl Popper als auch einen der führenden Köpfe der neomarxistischen Frankfurter Schule, Theodor W. Adorno (1903–1969), zu Vorträgen eingeladen. Er wollte damit Poppers Wissenschaftstheorie Eingang in die deutsche Diskussion verschaffen und eine klärende Kontroverse herbeiführen. Es ging dabei auch um den Gegensatz zwischen zwei verschiedenen Traditionen des antifaschistischen Exils, die sich um die philosophische Meinungsführerschaft stritten.

Die Frankfurter Schule, die aus dem in den 20er Jahren gegründeten Frankfurter Institut für Sozialforschung hervorgegangen war und nach Hitlers Machtergreifung in den USA weitergeführt wurde, hatte die „Kritische Theorie" entwickelt, die, im Einklang mit der marxistischen Tradition, die Wertfreiheit der Wissenschaft bestritt. Die sogenannte bürgerliche Gesellschaftswissenschaft blieb für sie eng verknüpft mit den Interessen der herrschenden Klasse, der Bourgeoisie. Der Begriff einer Wissenschaft, der es, wie im Falle Poppers, um Annäherung an eine von politischen Interessen unabhängige „Wahrheit" ging, war danach eine Fiktion. Während Popper die Einheit der wissenschaftlichen Methode in Natur- und Sozialwissenschaften betonte, legten die Frankfurter Wert auf die Unterscheidung, dass die Sozialwissenschaften „kritisch" in dem Sinne sein müssten, dass die Erkenntnis gesellschaftlicher Strukturen bereits bestimmte ideologische und politische Schlussfolgerungen beinhaltet.

Popper hielt sein Referat „Die Logik der Sozialwissenschaften", in dem er seine bekannte These von der wissenschaftlichen Methode als eines Verfahrens von „Versuch und Irrtum" darlegte. Popper betonte die Notwendigkeit, sich an dem „Ideal der wissenschaftlichen Objektivität" zu orientieren, machte jedoch die Einschränkung, dass „der Sozialwissenschaftler sich nur in den seltensten Fällen von den Wertungen seiner eigenen Gesellschaftsschicht so weit emanzipieren (kann), um auch nur einigermaßen zur Wertfreiheit und Objektivität vorzudringen." (SbW 83) Die Unterschiede zwischen Kritischem Rationalismus und Kritischer Theorie schienen also durchaus überbrückbar. Und in der Tat antwortete Theodor W. Adorno auf Poppers Darstellung der Grundzüge seiner Wissenschaftstheorie in einem Korreferat, ohne dass es dabei zu nennenswerten Differenzen gekommen wäre. Popper selbst bemerkte später, Adorno habe ihm in diesem Korreferat „im Wesentlichen" zugestimmt. (SbW 79) Entsprechend enttäuscht war Ralf Dahrendorf. Die geplante und erhoffte Auseinandersetzung war ausgeblieben.

Auf dem Soziologentag selbst fand der Positivismusstreit jedenfalls nicht statt. Er wurde vielmehr von zwei jüngeren Protagonisten geführt, die in Tübingen lediglich unter den Zuhörern saßen: Jürgen Habermas (geb. 1929), der damals 32jährige, gerade habilitierte, ehemalige Assistent von Max Horkheimer (1895–1973), und Hans Albert. Es war Habermas, der gegen Popper den Vorwurf des „Positivismus" erhob, wobei er einen alten marxistischen Kampfbegriff ausgrub, mit dem alle möglichen Arten der „bürgerlichen", „nicht-dialektischen" Wissenschaftsauffassung bezeichnet wurden. Habermas hielt Popper vor, sein Kritischer Rationalismus sei ein „positivistisch halbierter Rationalismus". Mit anderen Worten: Er vernachlässige den Zusammenhang zwischen Gesellschaftswissenschaft und Gesellschaftskritik.

Dies rief Albert auf den Plan, der die „dialektische" Wissenschaftsauffassung der Frankfurter zerpflückte, und Popper, im Gegenteil, als Kritiker des Positivismus herausstellte. Albert verteidigte die Unterscheidung von Tatsachen und Werten und die damit zusammenhängende These, dass aus wissenschaftlichen Tatsachenaussagen keine ethischen Werturteile abgeleitet und daher auch kein politisches Engagement begründet werden können.

Auch Popper selbst hat sich später gegen den Positivismusvorwurf entschieden verwahrt. Für ihn bezeichnete „Positivismus die Tradition, die von Comte im 19. Jahrhundert zum Wiener Kreis führte, eine Tradition also, die er immer kritisiert hatte. „Ich war", so Popper, „immer ein Gegner jedes Dogmatismus, und ich habe von meinen ersten Veröffentlichungen an diesen Positivismus bekämpft. Während der Positivismus lehrt: ,Bleibe beim Wahrnehmbaren', lehrte ich: ,Sei kühn mit der Aufstellung spekulativer Hypothesen, aber kritisiere und prüfe sie dann erbarmungslos.'" (RoR 37 f.)

Die in der Debatte zwischen dem Kritischen Rationalismus und der Frankfurter Schule produzierten Beiträge wurden schließlich in dem 1972 erschienenen Band *Der Positivismusstreit in der deutschen Soziologie* zusammen veröffentlicht. Adorno hat zu diesem Band eine neue, umfangreiche Einleitung beigesteuert, von Popper selbst wurde darin lediglich sein Tübinger Referat abgedruckt.

Seine Einschätzung der Frankfurter Schule, und insbesondere Adornos, äußerte Popper unverblümt in einem Interview mit der BBC 1973. Er sah sie ganz in der Tradition der „orakelnden Philosophen", die er in Gestalt von Hegel und Marx in seiner *Offenen Gesellschaft* kritisiert hatte. „Was freilich Adorno angeht, so kann ich seine Philosophie weder gutheißen noch nicht gutheißen. Obwohl ich mich redlich bemüht habe, sein Philosophieren zu verstehen, kommt es mir so vor, als sei es insgesamt oder nahezu insgesamt nichts als Rhetorik. Es scheint, dass er nichts zu sagen hat und dass er dies in Hegelscher Sprache sagt."[4] Auf eine Debatte hat er sich mit den Vertretern der Kritischen Theorie auch später nicht eingelassen.

Es war allerdings der Positivismusstreit, der nicht nur Poppers Kritischen Rationalismus, sondern auch der analytischen Philosophie in Deutschland den Boden bereitete.

---

[4] So Popper in: *Gespräche mit Herbert Marcuse*, Frankfurt am Main 1978, S. 131.

Der Allparteiendenker?
Kritischer Rationalismus und demokratische Grundüberzeugungen

Der Positivismusstreit hatte neben dem wissenschaftstheoretischen auch einen sozialphilosophischen Aspekt. Für die politischen Ziele der Frankfurter Schule, die in Schlagworten wie „Überwindung" der „bürgerlichen Demokratie" und des „Spätkapitalismus" ihren Ausdruck gefunden hatten, hatte Popper keinerlei Sympathie. Für ihn blieb vielmehr die liberale Demokratie des Westens Grundlage aller Überlegungen. Die Volksaufstände 1953 in der DDR und 1956 in Ungarn bestärkten ihn in seiner antitotalitären Grundhaltung. Als *Das Elend des Historizismus* 1957 in einer Buchausgabe erschien, fügte er die Widmung hinzu: „Dem Andenken ungezählter Männer, Frauen und Kinder, aller Länder, aller Abstammungen, aller Überzeugungen, Opfer von nationalistischen und kommunistischen Formen des Irrglaubens an unerbittliche Gesetze eines weltgeschichtlichen Ablaufs." Es war seine Antwort auf Marx' „Proletarier aller Länder, vereinigt Euch!"

Seine unerbittliche Parteinahme für den Westen, verbunden mit der Tatsache, dass Vertreter aller demokratischen Parteien begannen, sich auf ihn zu berufen, hat ihm den Spott als unverbindlicher „liberaler Allparteiendenker" eingebracht. Doch es war nie Poppers Absicht, Fundamente für ein Parteiprogramm zu legen. Ihm ging es darum, den Kritischen Rationalismus nicht nur als wissenschaftstheoretische, sondern auch als politik- und gesellschaftspolitische Haltung herauszustellen. Er formulierte die philosophische Grundlage für den Konsens der Demokraten.

Kritischer Rationalismus als politische Haltung bedeutete für Popper, die kritisch-rationale Grundhaltung der Wissenschaften auf die Politik zu übertragen, d.h. sich auf die Kraft von Argumenten einzulassen und Kritik ernst zu nehmen. Respekt vor den Argumenten des anderen impliziert den Respekt vor seiner Würde und seinen elementaren Freiheitsrechten. Dazu gehörten für Popper auch die Übernahme der klassischen Forderungen der Aufklärung nach Gedankenfreiheit, Meinungsfreiheit und Toleranz. Als gesellschaftliche und politische Grundüberzeugung trägt der Kritische Rationalismus sowohl liberale als auch konservative und sozialreformerische Züge.

Der kritische Rationalismus ist liberal, weil für ihn Freiheit der politische Grundwert ist. Diese Annahme hat konkrete Folgen für die Gestaltung politischer Institutionen. In seinem 1958 in Alpbach gehaltenen Referat „Zum Thema Freiheit" gibt Popper eine Definition der politischen Freiheit: „Ein Staat ist politisch frei, wenn seine politischen Institutionen es seinen Bürgern praktisch möglich machen, ohne Blutvergießen einen Regierungswechsel herbeizuführen, falls die Mehrheit einen solchen Regierungswechsel wünscht." (LP 168) Politische Freiheit bemisst sich also nicht an der besten Regierungsform, sondern an institutionellen Mechanismen, mit denen die Bürger eine Diktatur verhindern, politische Macht kontrollieren und damit die persönliche Freiheit garantieren können.

Der konservative Zug des Kritischen Rationalismus besteht in der positiven Rolle, die er Traditionen zuspricht. In dem 1948 gehaltenen Vortrag „Versuch einer rationalen Theorie der Tradition" hat Popper, mit einem Hinweis auf die Revolutionskritik Edmund Burkes (1729–1797), die Notwendigkeit betont, den sozialen Traditionszusammenhang zu wahren. Wer ihn durch eine Revolution radikal unterbricht, steht sofort vor der unlösbaren Aufgabe, neue Traditionszusammenhänge aus dem Nichts zu schaffen. Nach der Revolution müssen Staat und Gesellschaft mit eben den mühsamen kleinen Reformen und Korrekturen aufgebaut werden, die man vorher hatte vermeiden wollen.

Traditionen im sozialen Leben haben eine analoge Funktion wie Mythen und Theorien in der Naturwissenschaft: Sie bringen Ordnung und Orientierung, sind aber auch immer wieder Anlass für Kritik. Sie werden niemals radikal abgelöst, sondern immer nur verändert und manchmal verbessert. Sie spielen eine Vermittlerrolle zwischen den Überzeugungen und Werten der Individuen und den Institutionen. Sie tragen dazu bei, dass Institutionen mit Leben erfüllt werden.

In der Annahme einer ständigen Veränderung und Korrektur von Traditionen ist die sozialreformerische Seite des Kritischen Rationalismus schon mitgedacht. Nicht Revolutionen oder die Verwirklichung von Utopien, sondern Reformen führen zu einer besseren, gerechteren Gesellschaft. So wie es in der Wissenschaft immer ungelöste Probleme gibt, auf die man mit neuen Hypothesen und Theorien antwortet, so gibt es in jeder Gesellschaft ungelöste soziale und politische Probleme, auf die man mit der Veränderung von Traditionen und neuen Institutionen reagiert. Neue Institutionen, wie z.B. Kranken- und Rentenversicherung, sind in den westlichen Gesellschaften in den letzten beiden Jahrhunderten ständig eingeführt worden. Nicht zufällig wurde Poppers früher Vortrag *Utopie und Gewalt* von 1947 besonders aufmerksam von sozialdemokratischer Seite rezipiert. Es ist ein Text, der als Ergänzung zu Poppers positiver Bewertung der Tradition gele-

sen werden muss. Er greift hier seine Vorstellungen vom
„piecemeal-engeneerig" wieder auf. Als das „dringendste
Problem einer rationalen öffentlichen Politik" (GW 10, 554
[VuW 524]) sieht er nicht, wie noch der Utilitarismus John
Stuart Mills, die Herstellung allgemeinen Glücks, sondern
die Vermeidung menschlichen Leids an.

Gewalt als Mittel der Politik hat Popper stets abgelehnt.
Durch Gewalt entsteht keine Vernunft, vielmehr muss sie
selbst durch Vernunft gezähmt werden. Das Thema „Utopie und Gewalt" sollte in den 60er Jahren eine neue Ak-
tualität gewinnen, als Popper mit der gesellschaftskri-
tischen 68er Bewegung konfrontiert wurde. Von dieser
neuen Generation war er durch einen tiefen Graben von
Überzeugungen und persönlichen Erfahrungen getrennt,
obwohl ihr Auftreten ironischerweise seine These von der
Kritik als Motor gesellschaftlicher Veränderungen in der
westlichen Demokratie bestätigte. In den Jahren 1967–69
kam es auch an Poppers eigener Universität zu Studenten-
unruhen, die am 24. Januar 1969 darin gipfelten, dass Studenten die verrammelten Tore zum LSE mit Äxten ein-
schlugen, um das Gebäude zu besetzen. Popper sah den
Niedergang des Westens als Menetekel an der Wand. Sein
Assistent Lakatos, ein gebranntes Kind des Kommunismus, ging mit harter Hand gegen die Studenten vor. Als
alter Stalinist, so bemerkte er selbstironisch, habe er Erfahrung im Niederschlagen von Aufständen.

Von Feyerabend hingegen, der mit den 68ern sympa-
thisierte, handelte sich Popper nun den Titel „Establish-
mentphilosoph" ein. Doch die politischen Fronten unter
den Popperianern deckten sich keineswegs mit den persönlichen. Feyerabends Hauptwerk *Wider den Methodenzwang* wurde nicht nur von der 68er Bewegung mitinspi-
riert, sondern ist auch ein unvollendeter philosophischer

Dialog mit Lakatos, dem das Buch gewidmet ist und den er darin als „einen meiner besten Freunde" bezeichnet.

In den Ländern des Ostblocks hingegen wurde die politische Sprengkraft des Kritischen Rationalismus wahrgenommen. Die *Offene Gesellschaft* wurde in Giftschränken verwahrt, zirkulierte aber in Samisdat-Drucken. Der später in Cambridge lehrende ungarische Historiker Istvan Hont erinnert sich, wie er in den 60er Jahren in Budapest in den Keller der Universitätsbibliothek geführt wurde, wo die *Offene Gesellschaft* und *Das Elend des Historizismus* sorgfältig verschlossen aufbewahrt wurden. Hier lagen die Ideen, die eine wirkliche europäische Revolution herbeiführen sollten – die von 1989/90.

Angekommen im Establishment

Dass das Establishment der westlichen Welt dem Kritischen Rationalisten zunehmend seine Aufwartung machte und sich erkenntlich zeigte, empfand Popper mit unverhohlener Genugtuung. Der eher reservierten Haltung der akademischen Philosophie Englands stand seine internationale Aufwertung entgegen. Er erhielt immer häufiger Einladungen zu Gastvorlesungen an Universitäten in aller Welt. Auf Kongressen und Tagungen hielt er die Eröffnungsreferate. 1968 im spanischen Burgos und 1969 in Boston wurden bereits die ersten Kongresse über den Kritischen Rationalismus abgehalten.

Er verfasste Vorträge, die für ein breiteres Publikum bestimmt waren, und sprach auch im Radio. All dies trug dazu bei, dass Popper in den 50er und 60er Jahren zu einem der angesehensten Philosophen aufstieg. Auch innerhalb Englands selbst erhielt er Ehrungen. 1958 nahm ihn die „British Academy" als Mitglied auf. Im selben Jahr wurde er Präsident der „Aristotelischen Gesellschaft", ein Jahr später Präsident der „British Society for the Philosophy of Science". Die Harvard Universität ehrte ihn 1964 ebenso wie die „Royal Society of New Zealand", die ihn als Ehrenmitglied aufnahm.

Sein ehemaliger Schüler John W.N. Watkins erinnert sich an zwei Tage im Jahr 1965, an denen Popper ausnahmsweise nicht gearbeitet hat. An dem einen machte er einen Ausflug in den Zoo. Der andere hängt mit einem Brief zusammen, den Hennie eines Tages aus dem Briefkasten fischte. Der Absender lautete „Her Majesty's Service". Hennie glaubte zunächst, es handele sich um die Einkommensteuer. Als sie den Brief und den Inhalt realisiert hatte, steckte sie Popper, um seine Nerven zu schonen, zuerst ins Bett, bevor sie ihm die Nachricht beibrachte: Der Brief kam vom Buckingham Palast und enthielt die Mitteilung, dass die Königin ihm wegen seiner Verdienste um die Werte der Demokratie die Erhebung in den Adelsstand anbiete. Karl Raimund Popper, der als Jugendlicher im roten Wien in die Grinzinger Baracken gezogen war, um sich in den Dienst der Weltrevolution zu stellen, wurde nun von Elizabeth II. zum Ritter geschlagen. Er war im Establishment angekommen. Und Hennie durfte sich Lady Josefine nennen, eine kleine Entschädigung für die Lebenszeit, die sie dem Werk ihres Mannes geopfert hatte.

1969 wurde Popper emeritiert, zu einer Zeit, als Lakatos längst die Fäden des Instituts in der Hand hielt. Das Abschiedsgeschenk, das ihm seine Kollegen an der London School of Economics überreichten, gab er mit dem Hinweis zurück, er habe sich nicht genug in die Universität eingebracht. Sein Plan, sich nun in Ruhe seiner Autobiographie zu widmen, wurde durch die Ereignisse der Zeit durchkreuzt. 1969 war kein glückliches Jahr. Die Studenten hatten ihn zum Feindbild erklärt, das Verhältnis zu Lakatos zerbrach. Auch sah sich Popper wiederum in finanziellen Nöten. Er stellte fest, dass die für ihn vorgesehene Pension nicht ausreichte. So nahm er das Angebot an, im Herbst 1969 an der Brandeis Universität in Boston Gastvorlesungen zu halten. Das neue Jahrzehnt brachte die erhoffte Ruhe nicht. Mit dem Ende seiner akademischen Berufstätigkeit war weder das Ende seiner öffentlichen Wirksamkeit noch das Ende seiner philosophischen Entwicklung gekommen.

6. Die späten Jahre:
Der Metaphysiker der offenen Welt
(1970–1994)

Sir Karl im Unruhestand

Wie viele der großen Philosophen von Hobbes bis Russell erreichte Popper ein hohes Alter. 25 Lebensjahre, also ein Vierteljahrhundert, waren ihm noch von seiner Emeritierung 1969 bis zu seinem Tod 1994 beschieden. Es waren Jahre des zunehmenden internationalen Ruhms, aber auch der unablässigen, geduldigen Arbeit, in denen er mit seiner Hinwendung zur Metaphysik noch einmal eine neue Phase seines Denkens einleitete. Von gesellschaftlichen Verpflichtungen und vom öffentlichen Leben hielt er sich fern. Sogar private Einladungen sagte er regelmäßig ab. Eine der wenigen Ausnahmen bildete der Kontakt zu seinem engsten Freund Ernst Gombrich, mit dem er bis an sein Lebensende einen engen sozialen und geistigen Austausch pflegte. Wer ihn treffen wollte, musste ihn zu Hause aufsuchen oder einen seiner gelegentlichen Vorträge besuchen. Die Anregungen einer urbanen Kunst- und Kulturszene hat Popper in den letzten Jahrzehnten völlig aus seinem Leben ausgeschlossen. Seine Entscheidung gegen ein Auto bedeutete auch den freiwilligen Verzicht auf ein Stück Mobilität.

undatiert

Poppers Tagesablauf erinnert in seiner auf geistige Konzentration abgestellten Regelmäßigkeit an den seines philosophischen Vorbildes Immanuel Kant: „An einem normalen Tag stand er ziemlich früh auf und arbeitete praktisch ohne Unterbrechung bis zur Schlafenszeit durch; die einzigen Pausen, die er sich gönnte, waren ziemlich spartanische Mahlzeiten und eventuell ein kurzer Spaziergang. Ein Plattenspieler oder ein Fernsehgerät kamen ihm nicht ins Haus, weil sie ihm bloß die Zeit stehlen würden, und er hielt sich auch keine Zeitung, um nicht vom Denken abgelenkt zu werden."[1]

Doch der Ruhestand entwickelte sich zum kreativen Unruhestand. Zahlreiche unerledigte und neue Projekte, Einladungen und öffentliche Ehrungen, prominente Besuche, öffentliche Debatten, aber auch private Sorgen trieben ihn zu unermüdlicher Aktivität an.

Eine erste Fassung seiner geplanten intellektuellen Autobiographie hatte Popper bereits in den Jahren 1968–1970 fertiggestellt. Sie sollte Teil der ihm gewidmeten, zweibändigen Ausgabe in Paul Arthur Schilpps „Library of Living Philosophers" werden, was in Fachkreisen eine philosophische Adelserhebung und das Eintrittsbillet in den Kreis der philosophischen Klassiker bedeutete. Die Konzeption der Bände verlangte, dass, neben Poppers Beschreibung seines geistigen Werdegangs, würdigende und kritische Aufsätze zu seinem Werk aufgenommen wurden, auf die Popper selbst wiederum antworten sollte.

Schilpp hatte schon 1964 die ausgewählten Autoren angeschrieben. Ein Jahr später trafen die meisten der 33 Beiträge auch fristgerecht ein. Popper selbst war jedoch mit seinen Erwiderungen säumig. Mit Verlagsfristen konnte er

---

[1] Magee, *Bekenntnisse*, S. 283.

nie umgehen, weil sich in seinen Konzepten die möglichen Argumente und das einzubeziehende Material regelmäßig ins Unendliche auswuchsen. Im Juni 1971 schließlich, nach sechs Jahren, drohte ihm Schilpp, das Projekt auf unbegrenzte Zeit zu verschieben, wenn die Erwiderungen nicht bis zum 1. September vorlägen.

Popper entschloss sich nun zu einer generalstabsmäßig angelegten Rettungsaktion. Er trommelte einen kleinen Stab von Mitarbeitern und Assistenten in Fallowfield zusammen. Er selbst stellte für jede geplante Erwiderung eine Argumentationsskizze her, die dann von einem Mitarbeiter ausformuliert, von Popper redigiert und von Hennie getippt wurde. Nach sechs Wochen war die Tour de force abgeschlossen und Popper schickte im August das Material an Schilpp, begleitet von einem Telegramm: „Heute 666 Seiten abgeschickt". 1974 konnten die beiden Bände schließlich erscheinen.

Der in der öffentlichen Wahrnehmung am meisten beachtete Teil der Schilpp-Bände ist Poppers Autobiographie, die 1976 unter dem Titel *Unended Quest* auch separat veröffentlicht wurde. Der englische Titel „Unabgeschlossene Suche" reflektiert wesentlich deutlicher als der spätere deutsche Titel *Ausgangspunkte* die Absicht des Buches, Poppers Leben als eine offene Denkbewegung im Sinne des eigenen Kritischen Rationalismus zu beschreiben. Eine Autobiographie im klassischen Sinne ist es nicht. Mit biographischen Details geht Popper äußerst sparsam um, viele private Informationen, wie das Verhältnis zu seinen Schwestern oder die Konflikte mit seinen Schülern, bleiben völlig ausgespart. In der Zeit ab 1945 tritt die Biographie ganz hinter die Probleme des Denkens zurück. *Ausgangspunkte*, für viele immer noch die wichtigste Quelle zu Poppers Leben, ist eine perspektivische und glattgebügelte Rekonstruktion der eigenen Denkentwicklung, die zwar eine gute erste Orientierung bietet, aber historisch nicht immer verlässlich ist. So ist z.B. Poppers These, er sei bereits durch die Schlüsselerlebnisse von 1919 zu den Prinzipien seiner späteren Wissenschaftstheorie geführt worden, angesichts seiner tatsächlichen intellektuellen Entwicklung kaum haltbar.

Im September 1971, kurz nach Fertigstellung der Schilpp-Manuskripte, erhielt Popper zusammen mit seinem alten Diskussionspartner John C. Eccles eine Einladung in die Niederlande zu Vorträgen an mehreren Universitäten. Auch ein Fernsehauftritt war geplant. Er sollte im Parlamentsgebäude in Den Haag stattfinden, am Abend des Tages, an dem die Königin feierlich die Parlamentssession eröffnete.

Popper und Eccles sollten gefilmt werden, wie sie zur Podiumsbühne hinaufsteigen. Doch die Kamera fiel aus und die Prozedur musste mehrmals wiederholt werden. Schließlich verschob man die Aufnahme. Die beiden erschöpften älteren Herren absolvierten ihren Podiumsauftritt, um danach noch einmal in einer gestellten Szene die Treppe hinaufzusteigen.

Popper und Eccles pflegten in den frühen 70er Jahren einen engen und für beide Seiten äußerst fruchtbaren geistigen Austausch, in der Popper seine metaphysische Spätphilosophie ausarbeitete. In der 1972 erschienenen Aufsatzsammlung *Objektive Erkenntnis* wird diese neue Themenorientierung bereits sichtbar.

Neben den zahlreichen Einladungen zu Kongressen und Vorträgen unternahm Popper auch ausgedehnte private Reisen. Die längste brachte ihn 1973, im Rahmen einer viermonatigen Weltreise, wieder nach Neuseeland, das er seit 1945 nicht mehr gesehen hatte. An den Universitäten in Christchurch und Dunedin empfing man ihn wie einen heimgekehrten Sohn. Popper besuchte u.a. auch Singapur, Bali und Australien. Die Rückreise führte ostwärts, über Mexiko, wieder nach England zurück.

Neue Ehrungen, aber auch private Rückschläge erwarteten ihn. 1976 wurde ihm von der „American Political Science Association" der Lippincott Award für die *Offene Gesellschaft* verliehen. Als noch ehrenvoller empfand er die Aufnahme in die seit Isaac Newton bestehende Royal Society, die Peter Medawar betrieben hatte. Er konnte es sich aber nicht verkneifen, seinem Missmut darüber Ausdruck zu geben, dass er nicht als wissenschaftliches, sondern als außerwissenschaftliches Mitglied aufgenommen war. Medawar wies ihn darauf hin, dass er damit in die gleiche Mitgliederkategorie wie der von ihm so geschätzte Winston Churchill gehöre, womit sich Popper aber nicht trösten ließ.

Ebenfalls im Jahr 1976 nahmen beide Poppers wieder die österreichische Staatbürgerschaft an, ein Akt, der vor allem für Hennie wichtig war, die den Blick von der alten Heimat nie abgewandt hatte. Doch auf das Leben beider legte sich in den späten 70er Jahren ein dunkler Schatten. Bei Hennie wurde im März 1977 ein bösartiger Tumor festgestellt. In den folgenden Jahren versuchte man verschiedene Formen ärztlicher Therapie, mit eher geringem Erfolg. Noch mehr als zuvor wechselte Poppers Leben nun zwischen Phasen der Arbeit und der tiefen Depression.

1979 schließlich, mit beinahe 50jähriger Verspätung, erschienen *Die beiden Grundprobleme der Erkenntnistheorie,* die Anfang der 30er Jahre geschriebene voluminöse Vorlage zur *Logik der Forschung.* Doch wie viel hatte sich inzwischen geändert: Mit seiner Altersmetaphysik hatte sich Popper weit von den Diskussionen des Wiener

Kreises entfernt. Und der ehemalige Sozialist war zu einem Stichwortgeber etablierter westlicher Parteien geworden. Auch die politische Klasse in dem von ihm so ungeliebten Deutschland hatte ihn inzwischen für sich entdeckt.

„Jedermannspopper"
und die deutsche Politik

Nachdem mit dem Positivismusstreit Poppers Wissenschaftstheorie Eingang in die deutsche Debatte gefunden hatte, wurde der Kritische Rationalismus in den 70er Jahren, in merkwürdiger Eintracht, zu einem philosophischen Lieblingskind deutscher Politiker. Nicht unwesentlich dazu beigetragen hat die Tatsache, dass in der geistigen Auseinandersetzung mit der außerparlamentarischen Opposition Popper sich ganz auf die Seite des attackierten „bürgerlichen Systems" geschlagen und revolutionären Bestrebungen eine klare Absage erteilt hatte.

Dies wurde besonders deutlich in seiner Diskussion mit Herbert Marcuse (1898–1978), dem in der 68er Bewegung einflussreichsten Vertreter der Frankfurter Schule, eine Debatte, die als eine Fortsetzung des Positivismusstreits unter rein politischen Gesichtspunkten aufgefasst werden kann. In einer Zeit, in der er mit Arbeiten zu den Schilpp-Bänden ausgelastet war, klagte Popper darüber, sich nun auch noch mit Marcuse beschäftigen zu müssen, von dem er ebenso wenig hielt wie von den übrigen Vertretern der Kritischen Theorie.

Marcuse hatte in seinem 1964 erschienenen Buch *Der eindimensionale Mensch* den marxistischen Ansatz mit Gedanken der Psychoanalyse Freuds angereichert und die These vertreten, dass sich die Unterdrückung und die Klassengegensätze im Spätkapitalismus durch neue raffinierte Formen der Beherrschung und Kontrolle verfestigt haben. An der Notwendigkeit einer Revolution hielt er fest, obwohl er längst vom Proletariat als der treibenden und fortschrittlichen gesellschaftlichen Kraft Abschied genommen hatte und seine Hoffnung nun auf die Studentenbewegung und die Befreiungsbewegungen der Dritten Welt richtete.

In der am 5. Januar 1971 vom Bayerischen Rundfunk in München ausgestrahlten und von mehr als 1 Million Zuschauer verfolgten Fernsehdokumentation, die kurz danach in Buchform unter dem Titel *Revolution oder Reform?* veröffentlicht wurde, legten Popper und Marcuse ihre gegensätzlichen sozialphilosophischen Auffassungen dar. Popper setzte dem Neomarxismus Marcuses sein Konzept der „offenen Gesellschaft" entgegen, deren zentrale Merkmale die freie Diskussion und Institutionen seien, die „den Schutz der Freiheit und der Schwachen" garantieren. Von einer Unterdrückung oder von antagonistischen Klassengegensätzen in den westlichen Ländern zu sprechen, lehnte er ab. Von seiner positiven Einschätzung der USA rückte er auch angesichts des Vietnamkriegs nicht ab. Er wies vielmehr daraufhin, dass es die Opposition innerhalb der USA gewesen sei, die die Regierung zu dem Eingeständnis gezwungen habe, dass der Vietnamkrieg ein großer Fehler gewesen sei. Genau dieser Einfluss der Opposition aber weise die USA als eine offene, zur Selbstkorrektur fähige Gesellschaft aus. Popper vergaß auch nicht zu erwähnen, dass es gerade die westliche Demokratie sei, die es den Neomarxisten erlaube, ihre Ideen zu verbreiten. Der von den Marxisten behaupteten Ohnmacht und Determination des Individuums durch gesellschaftliche Verhältnisse setzte er die Überzeugung entgegen, dass der Mensch mit Hilfe der Vernunft die Gesellschaft verändern kann und dass die politische Macht in der Lage ist, die ökonomische Macht zu kontrollieren.

In dem Maße, in dem das internationale Renommee des jüngsten Vertreters der Kritischen Theorie, Jürgen Habermas, zunahm, rückte auch seine Beziehung zu Popper wieder in das öffentliche Interesse. Für Popper selbst blieb Habermas, mit dem er sich nicht intensiv auseinandersetzte, eine Reinkarnation der orakelnden deutschen Professorenphilosophie. In dem Aufsatz „Gegen die großen Worte" (1984) montierte er Zitate aus Habermas, um dessen Hegelschen Sprachduktus lächerlich zu machen. Habermas selbst, ehemals Protagonist der Anti-Popper Front im Positivismusstreit, hat sich jedoch zunehmend vom Marxismus der Frankfurter Schule verabschiedet und in seiner Adaption der Aufklärung sich Popperschen Positionen angenähert.

Während Popper in der DDR eine philosophische Unperson blieb und von der westdeutschen Linken als Apologet des „bürgerlichen Systems" abgelehnt wurde, entdeckten die etablierten westdeutschen Parteien in den 70er Jahren den Kritischen Rationalismus als neue philosophische Legitimationsgrundlage. Helmut F. Spinner (geb. 1937), ein ehemaliger Schüler Hans Alberts, der vom Popperianer zum Popper-Kritiker mutiert war, spottete über die „Allerweltspartei des Kritischen Rationalismus" und ihren „Jedermannspopper". Popper selbst verfolgte seine Rezeption in Deutschland aus der Distanz.

Ralf Dahrendorf, einer der frühesten deutschen Popperianer und besonders in den 60er und 70er Jahren in der FDP aktiv, hatte schon seit den frühen 60er Jahren in zahlreichen Publikationen Popper für den politischen Liberalismus reklamiert. Fast zeitgleich zogen die beiden großen Volksparteien, CDU und SPD, Mitte der 70er Jahre nach.

Warnfried Dettling grenzte den Kritischen Rationalismus gegen den demokratischen Sozialismus ab und machte vonseiten der CDU Popper zum konservativen Vordenker. Auch der spätere Bundeskanzler Helmut Kohl bekannte sich zu Popper. Der christdemokratische Bundespräsident Richard v. Weizsäcker machte ihm anlässlich eines Staatsbesuchs in Großbritannien 1986 seine Aufwartung.

Die intensivste Rezeption erfuhr Popper aber nicht ohne Grund durch die Sozialdemokratie. Poppers Mischung aus aufklärerisch-liberalen Grundwerten und der Sozialstaatsidee war spätestens seit dem Godesberger Programm von 1959 zum programmatischen *mainstream* der SPD geworden. Publizistischer Höhepunkt der sozialdemokratischen Popper-Rezeption waren die beiden 1975 und 1976 erschienenen Bände *Kritischer Rationalismus und Sozialdemokratie*, die auch die Aufsätze „Was ist Dialektik?" und „Utopie und Gewalt" enthielten, in denen sich Popper mit dem marxistischen Denken auseinandersetzt. Als prominenter Popper-Freund outete sich dabei besonders der damalige sozialdemokratische Bundeskanzler Helmut Schmidt, der auch das Vorwort zum ersten Band verfasste. Zwar betonte Schmidt, er sei weder Marxist noch Kritischer Rationalist, doch bekannte er sich ausdrücklich zur „kritischen Grundhaltung", zur Ablehnung utopischen Denkens und zu einer schrittweisen Reformpolitik. Schmidt bezog sich mündlich und schriftlich immer wieder positiv auf Popper, den er auch persönlich in Fallowfield aufsuchte, zuletzt im Jahre 1993.

Kritische Stimmen zu Popper innerhalb der SPD gab es z.B. von Jochen Steffen (1922–1987), dem damaligen schleswig-holsteinischen Landesvorsitzenden, in seinem Buch *Strukturelle Revolution* (1974). Gegen Poppers „Stückwerk" setzte Steffen wieder, ganz in der Tradition von Hegel bis Marcuse, die Forderung, das Konzept einer neuen politischen Ordnung als „Totalität", vom „Ganzen zum Teil", zu entwickeln. Eine skeptische Haltung gegenüber Popper bewahrte auch der langjährige Vorsitzende der SPÖ und österreichische Bundeskanzler Bruno Kreisky, der Popper mit Hayek assoziierte, einem entschiedenen Gegner des Wohlfahrtsstaats.

Zu einer denkwürdigen Begegnung zwischen Popper und linken deutschen Studenten kam es, als ihm am 26. Mai 1981 an der Tübinger Universität der Dr. Leopold-Lucas Preis verliehen wurde. Dort, wo die Studenten, in Andenken an die letzte Wirkungsstätte des marxistischen Philosophen, eine „Ernst-Bloch-Universität" ausgerufen hatten, befürchtete man Anti-Popper Demonstrationen. Doch stattdessen kam es zu einem friedlichen Happening. Popper hielt mit leiser Stimme einen Vortrag über Toleranz. Um ihn besser verstehen zu können, kamen die Studenten nach vorne, lagerten sich um das Podium herum zu Füßen Poppers und lauschten fasziniert. Für einen Abend vereinigte sich der 68er Geist mit dem des Kritischen Rationalismus.

Kritischer Rationalismus und Metaphysik

Man kann es als eine Ironie der Popperschen Wirkungsgeschichte betrachten, dass er in den 60er Jahren, als er in der Öffentlichkeit als Positivist angegriffen wurde, sich bereits stark der Metaphysik zugewandt hatte. Poppers Spätwerk, die „Philosophie meines Alters", wie er sie selbst bezeichnete, steht ganz im Zeichen der großen metaphysischen Fragen nach der Freiheit des menschlichen Willens und nach dem Verhältnis von Körper und Geist.

Wie keine andere philosophische Disziplin steht die Metaphysik in der Moderne unter dem ständigen Druck, ihre eigene Existenzberechtigung nachzuweisen. Galt sie wegen ihres Anspruchs, die letzten Gründe und die fundamentalen Prinzipien der Wirklichkeit zu erfassen, einst als die „Königin der Wissenschaften", so wurde seit Hume und Kant ihr Status als Wissenschaft immer wieder bestritten. Doch wenngleich „Ende" oder „Tod" der Metaphysik schon oft verkündet worden sind, hat sie doch ebenso viele „Auferstehungen" erlebt. So haben im frühen 20. Jahrhundert Henri Bergson, Alfred N. Whitehead, Nicolai Hartmann und Martin Heidegger viel beachtete Neubegründungen der Metaphysik unternommen.[2] Allerdings stellte fast gleichzeitig der Wiener Kreis die Metaphysik unter das Verdikt der Sinnlosigkeit.

Unter dem Eindruck dieser Sinnlosigkeitsthese wagten es längere Zeit nur wenige wissenschaftlich orientierte Philosophen sich überhaupt auf metaphysische Fragen einzulassen. Auch Popper ist die Annäherung an metaphysische Fragen nicht leicht gefallen. In der *Logik der Forschung* hatte er die Positionen des Determinismus und Indeterminismus noch als gleichermaßen unwiderlegbare, metaphysische Annahmen abgelehnt und den Realismus noch mit schlechtem Gewissen vorausgesetzt. Nach dem Krieg präsentierte er sich in seinen Auseinandersetzungen mit der modernen Physik dann als entschiedener Vertreter des Realismus und des Indeterminismus.

Doch schon in der *Logik der Forschung* hatte er Metaphysik gegen ihre pauschale Verdammung in Schutz genommen. Ihre Rehabilitierung leitete er u.a. in den Auf-

---

[2] Vgl. M. Morgenstern, *Metaphysik in der Moderne*, Stuttgart 2008.

sätzen „Die Abgrenzung zwischen Wissenschaft und Metaphysik" (1955/64) und „Über die Stellung der Erfahrungswissenschaft und der Metaphysik" (1957/58) ein. Metaphysisches Denken kann nicht schlechthin „sinnlos" oder nur Hemmschuh wissenschaftlicher Forschung sein, wenn ursprünglich spekulative metaphysische Ideen, wie etwa der Atomismus, zu wissenschaftlichen Theorien weiterentwickelt werden können. Metaphysik kann Wissenschaften auch inspirieren und befruchten.

Eine rational argumentierende Auseinandersetzung über metaphysische Probleme erschien ihm nun möglich. Metaphysik ist zwar nicht direkt durch Beobachtung und Experimente widerlegbar, aber sie kann doch mit wissenschaftlichen Theorien im Widerspruch stehen und damit indirekt widerlegt werden. Metaphysik muss in Bezug auf Problemsituationen diskutiert und kritisiert werden. Ihre über die Wissenschaften hinausgehenden Antworten auf Probleme können unter anderem im Hinblick auf ihre bessere oder schlechtere Vereinbarkeit mit den Wissenschaften hin überprüft werden.

Damit hatte Popper einen Metaphysikbegriff unter dem Vorzeichen des Kritischen Rationalismus entwickelt. Mit dieser Konzeption einer kritisch-rationalen Metaphysik gibt er der traditionellen Idee einer streng a priori verfahrenden Metaphysik, wie sie von Platon und Aristoteles über Descartes, Spinoza, Kant und Hegel bis zu Husserl und Heidegger betrieben wurde, eine klare Absage. Wenn alle menschliche Erkenntnis fehlbar ist, dann gilt dies erst recht für Metaphysik. Mit der Betonung des hypothetischen Charakters der Metaphysik steht Popper nicht nur in der Tradition der „induktiven Metaphysik" des 19. Jahrhunderts, sondern er stimmt damit auch mit modernen Konzeptionen wie etwa der „kritischen Ontologie" Nicolai

Hartmanns (1882–1950) oder der „wissenschaftlich orientierten Ontologie" Mario Bunges (geb. 1919) überein.

Plädoyer für Willensfreiheit

Mit seinem Eintreten für Willensfreiheit hat Popper einen ersten Baustein seiner neuen Metaphysik geliefert. Stark vereinfachend kann man sagen, dass sich seit Hume und Kant zwei Hauptpositionen gegenüberstehen. Auf der einen Seite stehen Deterministen wie Hume, die auch das Handeln des Menschen durch Charakter und Motive als genau festgelegt betrachten. Der Mensch bleibt nach dieser Auffassung für sein absichtliches Handeln dennoch verantwortlich, da er die Folgen seines Tuns mitbedenken kann. Auf der anderen Seite stehen Indeterministen oder Freiheitsanhänger, die Verantwortlichkeit und Determinismus als unvereinbar betrachten und daher, wie etwa Kant mit seiner schwierigen Zwei-Welten-Theorie, den Menschen aus der kausalen Ordnung der Natur herausnehmen, um ihn mit dem Begriff der „noumenalen Freiheit" als den eigentlichen „Urheber" seines Handelns deuten zu können. Während die meisten analytischen Philosophen seit Carnap, Schlick und Russell Hume folgen, gehört Popper zu den wenigen modernen Philosophen, die gegen Humes Auffassung eine Freiheitstheorie setzen, die, wie Popper glaubt, den wahren Intentionen Kants gerecht wird.

Poppers Plädoyer für die Freiheit des menschlichen Willens findet sich insbesondere in dem Aufsatz mit dem eigenartigen Titel „Über Wolken und Uhren" (1965). Ausgangspunkt seiner Überlegungen ist die Unterscheidung zwischen physikalischen Determinismus und Indeterminismus, den er durch den Gegensatz von Uhren und Wolken veranschaulicht. Uhren stehen für deterministische Systeme, die genau voraussagbar sind, Wolken dagegen für indeterministische Systeme, die mehr oder weniger ungeordnet sind und daher auch nur ungefähr vorausgesagt werden können. Für den Determinismus ist die Welt somit ein einziger riesiger Automat, wohingegen der Indeterminismus den Zufall in den Abläufen der Natur anerkennt.

Popper attackiert den Determinismus z.B. mit dem Argument, dass es die absolute Präzision, die der Determinismus annimmt, in der Welt nirgends gibt. Selbst die Newtonsche Physik, die es erlaube die Planetenbewegungen ziemlich, aber nicht absolut genau zu berechnen, setze keinen Determinismus voraus. Auch lässt der physikalische Determinismus kein Platz für Schöpferisches in der Welt. Popper propagiert die Offenheit der Welt. Nicht nur der Mensch antwortet auf Probleme mit neuen kreativen Lösungsvorschlägen, auch das Universum ist ein groß angelegter schöpferischer Problemlösungsprozess.

Mit der Anerkennung der indeterministischen Auffassung, dass alle Uhren im Grunde Wolken sind, ist nach Popper ein erster Schritt zur Begründung menschlicher Freiheit getan. Doch diese ist mehr als ein bloßer physikalischer Zufall. Zum Verständnis des vernünftigen menschlichen Verhaltens „… brauchen wir etwas zwischen reinem Zufall und reinem Determinismus, etwas zwischen vollkommenen Wolken und vollkommenen Uhren." (OE 254) In freien Entscheidungen spielen nach Popper Pläne, Theorien, Absichten und Werte eine Rolle. Da es sich dabei aber um nichtphysikalische Gebilde handelt, stellt sich die Frage, wie solche nichtphysikalischen Gebilde einen Einfluss auf das menschliche Verhalten erlangen können. Für Popper wird einerseits das menschlichen Denken durch Theorien beeinflusst, andererseits aber bleibt dem Menschen eine freie Wahl zwischen konkurrierenden Theorien. Damit war das entscheidende Problem seines Spätwerks aufgeworfen: die ontologische Frage nach den grundlegenden Arten von Wirklichkeit und nach der Beziehung zwischen der physikalischen und einer nicht-physikalischen Welt. Ein weiteres klassisches Thema der Metaphysik lag auf dem Tisch: das Leib-Seele-Problem.

Wider den Materialismus:
die 3-Welten-Theorie

Poppers sog. „3-Welten-Theorie", die in enger Kooperation mit John C. Eccles entstanden ist, hat eine Vorgeschichte, die bis in die frühen 50er Jahre zurückreicht. In einem Brief an Eccles vom 29. September 1952 erklärt Popper, dass er in der Sprache den Schlüssel zur Lösung des Leibe-Seele-Problems sieht, da deren verschiedene Funktionen sich nicht mit behavioristischen Theorien erklären lassen. Ganz ähnlich entwickelt er in dem kurzen Aufsatz „Die Sprache und das Leib-Seele-Problem" (1953) die Ansicht, dass der menschliche Geist eine nichtphysikalische Art von Wirklichkeit sein muss.

Damit hatte Popper begonnen, sich von der in der analytischen Philosophie vorherrschenden Meinung zum Leib-Seele-Problem zu distanzieren. Diese war von Anfang an durch eine ausgesprochen polemische Haltung zu dem auf Descartes zurückgehenden Leib-Seele-Dualismus gekennzeichnet. Dass die Seele kein vom Körper unabhängiges Dasein hat und daher auch keine unvergängliche Substanz sein kann, galt weitgehend als ausgemacht. Gilbert Ryle hat den Leib-Seele-Dualismus in seinem einflussreichen Buch *Der Begriff des Geistes* (1949) als „Cartesischen Mythos" und als „Dogma vom Gespenst in der Maschine" heftig attackiert und auf Fehldeutungen unserer Sprache zurückzuführen versucht. Nach Ryles behavioristischer Auffassung sind Geist und Bewusstsein nichts anderes als Dispositionen zum Handeln. Weite Verbreitung fand seit Ende der 50er Jahre die unter anderem von Poppers Freund Herbert Feigl vertretene Identitätstheorie. Sie ist eine moderne Form von Materialismus, die Bewusstseinszustände als identisch mit bestimmten Hirnprozessen deutet. Popper steuerte demgegenüber auf eine Erneuerung der dualistischen Auffassung vom „Gespenst in der Maschine" hin.

Aufschluss über Wesen und Besonderheit des menschlichen Geistes will Popper durch eine Untersuchung der Funktionen der Sprache gewinnen. Dazu greift er auf die Sprachtheorie seines alten Lehrers Karl Bühler zurück. Bühler hatte die Auffassung vertreten, dass die menschliche Sprache drei grundlegende Funktionen hat. Ausdrucksfunktion und Appellfunktion finden sich bereits bei den Tiersprachen. Die Sprache dient Mensch und Tier dazu, innere Zustände wie Gefühle auszudrücken und durch Signale Reaktionen bei anderen Organismen auszulösen. Nur die menschliche Sprache verfügt darüber hinaus über die Darstellungsfunktion. Nur der Mensch kann Tatsachen der Welt in seiner Sprache beschreiben. Diesen drei von Bühler unterschiedenen Sprachfunktionen hat Popper noch die argumentative Funktion hinzugefügt. Die menschliche Sprache erlaubt es auch Beschreibungen hinsichtlich ihrer Wahrheit (oder Wahrheitsnähe) zu kritisieren.

Die Entwicklung der beiden höheren, spezifisch menschlichen Sprachfunktionen haben nach Popper entscheidende Bedeutung in der Evolution des Menschen gehabt, insofern Sprache und kritische Vernunft sich zusammen entwickelten. Mit der sprachlichen Darstellung von Tatsachen wurden Überzeugungen und Meinungen von ihren Trägern in gewisser Weise unabhängig. Sind Gedanken von einer Person erst einmal sprachlich formuliert, dann können sie als objektivierte Gedanken („objektiver Geist") von anderen Menschen kritisiert und weiterentwickelt werden. Mit der Entwicklung der Sprache setzt daher nach Popper eine neue, potentiell gewaltlose kulturelle Evolution ein: Während bei Tieren falsche Vorstellungen über die Welt zur Schädigung oder zum Tod ihres Trägers führen, erlaubt die menschliche Sprache die Kritik und Elimination von Irrtümern, ohne ihre Vertreter zu beeinträchtigen. Kritik und Falsifikation treten damit als zweite Form von Selektion neben die natürliche Auslese.

Poppers Metaphysik liegt in gewisser Weise eine Ontologisierung der Bühlerschen Sprachtheorie zugrunde. Die Darstellungsfunktion und insbesondere die argumentierende Funktion der Sprache sind bei ihm auf einer nicht-physikalischen Ebene der Wirklichkeit angesiedelt, die er später „Welt 3" nennen sollte. In den beiden Aufsätzen „Erkenntnistheorie ohne erkennendes Subjekt" (1967) und „Zur Theorie des objektiven Geistes" (1968) hat er seine „3-Welten-Theorie" bereits in den Grundzügen vorgelegt. Voll entfaltet hat er sie freilich erst in dem gemeinsam mit Eccles verfassten Spätwerk *Das Ich und sein Gehirn* (1977).

Im September 1972 nahmen Popper und Eccles am Comer See an einer Konferenz über „Reduktionismus in der Wissenschaft" teil. Aus diesem Aufenthalt entwickelte sich einer der wichtigsten Dialoge über das Leib-Seele-Problem, die im 20. Jahrhundert geführt wurden. Anders als die meisten seiner Berufskollegen hielt auch Eccles den menschlichen Geist für ein nichtphysikalisches Phänomen. Nach intensiven Diskussionen fragte Popper Eccles, ob er mit ihm zusammen ein Werk über das Leib-Seele-Problem verfassen wolle. Man beschloss, den *genius loci* der wunderschön gelegenen Villa Serbelloni, die der Rockefeller Stiftung gehörte, für den weiteren kreativen Austausch zu nutzen. Gemäß ihrem Antrag wurde beiden Forschern ein Aufenthaltsstipendium für den September 1974 gewährt. Die beiden Frauen sollten den Part der Sekretärinnen spielen. Als sie die Villa bezogen, hatte Popper den Titelvorschlag „The Self and Its Brain" bereits mitgebracht.

In der ruhigen und abgeschiedenen Atmosphäre am Comer See verbrachten Popper und Eccles ihre Tage mit Schreiben, aber auch mit langen Spaziergängen und Gesprächen, bis man bemerkte, dass viele wichtige Gedanken und Argumente verlorengingen, wenn man sie nicht aufzeichnete. So wurde ein „organisierteres" Vorgehen vereinbart: Man kaufte Tonbänder, die man auf den Spaziergängen mitnahm. Das Mikrophon wurde immer dem jeweiligen Sprecher übergeben. An den ersten beiden Tagen absolvierte man jeweils zwei Dialoge, einen vormittags und einen nachmittags. Dies wurde allerdings zu anstrengend, so dass man sich dann auf einen Dialog pro Tag beschränkte. Die Spaziergänge wurden nur durch kurze Pausen unterbrochen. Abends erholte man sich beim Schwimmen. Diese vom 20. bis zum 30. September aufgezeichneten und später nur minimal bearbeiteten Dialoge wurden als Teil 3 in das spätere Buch aufgenommen. In ihnen werden die Probleme und Konsequenzen ihrer jeweiligen Positionen diskutiert, die Popper in Teil 1 aus philosophischer und Eccles in Teil 2 aus neurophysiologischer Sicht dargestellt haben.

Das zentrale Anliegen ihres Buches haben Popper und Eccles im gemeinsamen Vorwort klar umrissen. Es geht ihnen darum, die Sonderstellung des Menschen im Universum zu bewahren. Ohne Freud beim Namen zu nennen, wenden sie sich gegen die von ihm beschriebenen und gutgeheißenen drei großen „Kränkungen" der „menschlichen Größensucht": „Man sagt, wir sollten von Kopernikus und Darwin lernen, dass die Stellung des Menschen im Universum weder so herausgehoben noch so ungewöhnlich sei, wie wir einst angenommen hatten. Das mag so sein. Doch seit Kopernikus haben wir auch zu würdigen gelernt, wie wunderbar, wie selten und vielleicht sogar einzigartig unsere kleine Erde in diesem großen Universum ist; und seit Darwin haben wir mehr über die wunderbare Organisation aller Lebewesen auf Erden gelernt wie auch über die einzigartige Stellung des Menschen inmitten der anderen Lebewesen." (GW 12, 186 [IuG 13f])

In seiner Theorie der Freiheit war Popper zu der Auffassung gelangt, dass menschliches Handeln durch physikalische Ursachen allein nicht erklärt werden kann, sondern dass dazu verschiedene nichtphysikalische Faktoren wie Absichten, Überlegungen, Ideen oder Theorien herangezogen werden müssen. Unter diesen Faktoren können nun nach Popper zwei grundverschiedene Arten differenziert werden. Zunächst handelt es sich bei Phänomenen wie Absichten, Überlegungen, Gefühlen oder Affekten um Zustände oder Prozesse der menschlichen Psyche. Davon zu unterscheiden sind jedoch Phänomene wie Ideen, Theorien oder Gedanken, die ein von den Bewusstseinszuständen der menschlichen Individuen unabhängiges Dasein haben. Damit sind die drei Grundelemente von Poppers „3-Welten-Theorie" gegeben: Die Gesamtheit der physikalischen Prozesse der Natur, also die materielle Welt, ist

Welt 1, die Gesamtheit der psychischen Prozesse ist Welt 2 und der Bereich der gedanklichen Inhalte ist Welt 3. Welt 1 und Welt 2 entsprechen ganz der herkömmlichen Unterscheidung von Leib und Seele bzw. Körper und Geist. Welt 3 der geistigen Gehalte hat, wie Popper selbst betont hat, eine gewisse Ähnlichkeit mit Platons Ideen und mit Freges Annahme eines Reichs objektiver Gedankeninhalte. Die Annahme von Welt 3 bedeutet also eine Form von „Platonismus", aber eine solche, die sich von den herkömmlichen Positionen des „Universalienrealismus" oder des „idealen Seins" unterscheidet. Die Gegenstände von Welt 3 sind nämlich kein ewiges, unveränderliches Sein, sondern Produkte des menschlichen Denkens.

Ein spezifisch Poppersches Element ist die Verknüpfung dieses neuen „Platonismus" mit der Evolutionstheorie. Popper geht wie selbstverständlich davon aus, dass die Evolution des Kosmos und des Lebens stufenweise neue Formen der Materie und des Lebens hervorgebracht hat. Es sind schlichte Tatsachen, dass es in der kosmischen Evolution lange Zeit keine Organismen gab, dass in der Evolution des Lebens organische Wesen mit Bewusstsein erst relativ spät hervortraten und dass es vor dem Auftreten des Menschen mit seiner Fähigkeit kritischer Vernunft auch keine Theorien und Gedanken gab. Der Bereich des Seelisch-Geistigen (Welt 2) ist somit ebenso ein evolutionäres Produkt der physischen Natur (Welt 1), wie der Bereich der gedanklichen Inhalte (Welt 3) seinerseits ein evolutionäres Produkt des menschlichen Geistes (Welt 2) ist. Keine dieser Stufen der Evolution war nach Popper vorhersehbar, noch kann sie aus der jeweils früheren Stufe erklärt werden.

Doch nicht nur die stammesgeschichtliche Entstehung des Geistes betrachtet Popper als Tatsache, sondern auch den physiologischen Befund, dass das Gehirn die materielle Basis des Geistes ist, dass es also kein Bewusstsein ohne funktionierendes Gehirn gibt. Auch Theorien und Gedanken bleiben immer an verstehende Subjekte gebunden. Bücher, in denen Gedanken objektiviert sind, sind ohne lesende Menschen bloß physische Gegenstände. Gleichwohl glaubt Popper, und darin liegt eine entscheidende Differenz zwischen ihm und jeder Art von Materialismus, dass der Geist als Produkt der Materie und Theorien als Produkte des menschlichen Geistes eine partielle Selbständigkeit erlangen. Die Materie wächst, wie Popper sagt, in Welt 2 und Welt 3 gleichsam über sich hinaus. Diese Selbständigkeit des Geistes kommt bereits im Titel *Das Ich und sein Gehirn* ebenso programmatisch wie provokativ zum Ausdruck. Während nach materialistischer Sicht der menschliche Geist ein bloßes Anhängsel physikalischer Prozesse oder schlicht mit ihnen identisch ist, betrachten Popper und Eccles das Gehirn gleichsam als Instrument oder Organ des Geistes. Die Selbständigkeit des Bewusstseins bedeutet jedoch keineswegs, dass der Geist eine unvergängliche Substanz im Sinne Descartes' ist. Bewusstsein muss vielmehr als Prozess verstanden werden, in dem sich die Identität des Ich stets neu bildet. Das Zusammenbestehen von Unabhängigkeit und Erzeugtsein von Welt 3 ist das Ergebnis von Poppers bemerkenswertem, aber umstrittenem Versuch, Platonismus und Evolutionstheorie zu verbinden. Der Materialismus steht, wie Popper mit Nachdruck herausstellt, mit dem Darwinismus in Widerspruch, weil ein Organ ohne Funktion biologisch überflüssig ist und sich im „Überlebenskampf" gar nicht hätte herausbilden können.

Mit seiner 3-Welten-Theorie glaubt Popper neues Licht auf das Leib-Seele-Problem werfen zu können. Das Ich erhält eine zentrale Rolle in den drei Welten, insofern es als Vermittler zwischen Welt 1 und Welt 3 fungiert. Es empfängt die Einwirkung der physischen Welt in der Wahrnehmung und verändert handelnd die physische Welt; andererseits schafft das Ich Theorien (Welt 3) und setzt im Handeln Theorien wieder in die physische Realität um. Dass das Ich mit beiden Seiten, also mit der physischen und der geistig-abstrakten Welt, in Wechselwirkung steht, ist der Inhalt von Poppers zentraler These des „Interaktionismus". Und indem die Psyche mit dem Körper einerseits und mit den objektiv geistigen Welt andererseits in Wechselwirkung steht, vollzieht sich nach Popper die Entwicklung von Gehirn und Psyche in Wechselwirkung mit ihren eigenen Produkten. Popper will diese Position als Forschungsprogramm verstanden wissen, das weiter ausgearbeitet und überprüft werden müsse.

Endlichkeit
und Sinn menschlichen Lebens

Popper hat seine 3-Welten-Theorie mit dem Ziel vorgelegt, die durch die neuzeitlichen Wissenschaften eingeleitete Herabsetzung des Menschen zur „Maschine" zu beenden und damit zur Erneuerung des Kantschen Menschenbildes beizutragen. Der Mensch als freies, vernünftiges Wesen kann nach seiner Ansicht kein bloß materielles Gebilde sein. Die materialistische Auffassung, die den Menschen als eine, wenn auch komplizierte, Maschine betrachtet, tendiert nach Popper dazu, eine humanitäre Ethik zu untergraben.

Anders als bei Kant, für den der Kern der menschlichen Person jenseits der empirischen Natur liegt, gehört das menschliche Ich-Bewusstsein nach Popper zur immateriellen Welt 2, und damit zwar nicht zur physischen Natur, aber doch zur empirisch zugänglichen Welt. Damit verknüpft ist ein wichtiger Unterschied zwischen Kant und Popper in ihrer Haltung zur Religion und zu den „letzten Fragen" der Metaphysik. Gott und Unsterblichkeit der Seele bleiben für Kant zwar unbeweisbar, aber doch Gegenstände eines „Vernunftglaubens". Popper hat sich demgegenüber mit Äußerungen zu den metaphysischen Fragen nach der Existenz Gottes, der Unsterblichkeit der Seele und dem Sinn der Welt und des Lebens auffällig zurückgehalten. Angesichts dieser „letzten Fragen" hat er die menschliche Unwissenheit betont und sich als Agnostiker bezeichnet.

In seinen Diskussionen mit Eccles hat Popper im elften Dialog gleichwohl seine Einstellung zur Religion und zur Frage der Unsterblichkeit der Seele erläutert. Anders als Eccles, der einen übernatürlichen Ursprung des Geistes postuliert und auch an ein Weiterleben nach Tode glaubt, hat Popper eine solche Deutung der 3-Welten-Theorie abgelehnt. Er findet bereits die Vorstellung eines ewigen Lebens der Seele wenig attraktiv, die nichts anderes wäre als „eine Art von geisterhafter Existenz nach dem Tode, eine Existenz, die nicht nur geisterhaft ist, sondern die wohl auch intellektuell auf einer besonders niederen Stufe steht – auf einer niederen Stufe als der Normalzustand menschlicher Dinge." (IuG 654)

Die Vorstellung einer unsterblichen Seele ist aber nicht nur unattraktiv, sondern sie lässt sich nach Popper auch nicht mit der Evolutionstheorie vereinbaren. Popper betrachtet es schlicht als Faktum, dass das Gehirn die physische Basis des Geistes darstellt. Für Poppers kritisch-rationale Einstellung hat sich die Frage nach einer unsterblichen

Seele mit dieser wissenschaftlichen Bestandsaufnahme im Wesentlichen erledigt. Es war ihm völlig fremd, unabhängig oder gar im Widerspruch zu den Wissenschaften stehende Spekulationen über ein mögliches transzendentes Dasein des Geistes anzustellen.

Andererseits hat Popper auch nie, wie der Existentialismus, das Fehlen eines vorgegebenen transzendenten Sinns als „absurd" dramatisiert. Wert und Sinn des Lebens hängen nach seiner Ansicht gerade mit der Endlichkeit des Lebens zusammen. In der Diskussion mit Eccles hat er in diesem Sinne sein philosophisches Credo zum Verhältnis von Leben und Tod formuliert: „Ich glaube, wir könnten das Leben nicht wirklich schätzen, wenn es immer weitergehen würde. Gerade die Tatsache, dass es gefährdet ist, dass es endlich und begrenzt ist, dass wir seinem Ende ins Auge sehen müssen, erhöht meiner Meinung nach den Wert des Lebens und damit sogar den Wert des Todes …" (IuG 654) In dieser illusionslosen, lebensbejahenden Einstellung trifft sich Popper mit modernen Denkern wie Bertrand Russell oder Nicolai Hartmann.

Letzte Jahre: Verlust und Neubeginn, Zeitkritik und Zeitenwende

Als 1982, zum 80. Geburtstag Poppers, die von Paul Levinson herausgegebene Festschrift *In Pursuit of Truth* erschien, u.a. mit Beiträgen von alten Freunden wie Gombrich und Eccles, hatte Popper neben Russell, Wittgenstein und Heidegger längst den Status eines Klassikers der Philosophie des 20. Jahrhunderts erlangt. Der Erhebung in den Adelsstand 1965 folgte 1980 u.a. der deutsche Orden Pour le Mérite für Wissenschaften und Künste und

das österreichische Ehrenzeichen für Wissenschaft und
Kunst, der Companion of Honour 1982 und 1983 schließlich das bundesdeutsche große Verdienstkreuz mit Stern
und Schulterband. Doch von einem Rückzug ins Private
konnte immer noch keine Rede sein. Popper publizierte
nicht nur in einem erstaunlichem Umfang weiter, er nahm
auch wieder verstärkt zu Zeitereignissen Stellung und griff
in öffentliche Debatten ein: „Noch mit über achtzig Jahren
passierte es ihm fast wöchentlich, dass er so fieberhaft in
seine Arbeit vertieft war, dass er einfach nicht aufhören
und ins Bett gehen konnte."[3] Auch war es ihm noch vergönnt, die epochale politische Wende 1989/90 mitzuerle-
ben und sich in seinen politischen Grundüberzeugungen
bestätigt zu sehen.

Popper war das Kind eines stürmischen Jahrhunderts:
Er hatte in seiner ersten Lebenshälfte das Ende des alten
Mitteleuropas, die totalitären Systeme des Kommunismus
und Faschismus, zwei Weltkriege und das Exil erlebt. In
seiner zweiten Lebenshälfte war er, im wörtlichen wie im
übertragenen Sinne, in der liberalen Demokratie angelsächsischer Prägung angekommen. Öffentliche Kritik am
Westen blieb für ihn tabu. Die Überzeugung, dass dies die
beste aller bisher verwirklichten Welten war, hat ihn nie
verlassen. Er sah ihre Defizite und ihre sozialen Ungerech-
tigkeiten, aber keine prinzipiellen Alternativen.

Auch seine in den 80er Jahren publizierten Aufsätze wie
„Zur Theorie der Demokratie" (1987) und „Bemerkungen
zur Theorie und Praxis des demokratischen Staates" (1988)
stellen das Vorbild angelsächsischer Institutionen heraus.
So machte er sich immer wieder zum Fürsprecher des englischen Mehrheitswahlrechts mit dem Argument, dass Le-

---

[3] Magee, *Bekenntnisse*, S. 283.

gitimation durch Repräsentation nicht ausreiche, um eine
Demokratie zu begründen. Auch Diktaturen können sich
zuweilen auf Mehrheits- oder Parlamentsentscheidungen
stützen. Es komme nicht so sehr darauf an, dass das Volk
proportional repräsentiert werde, als vielmehr darauf, dass
das Volk die Mittel habe, die Herrschenden zu beurteilen
und abzuwählen. Das in vielen kontinentaleuropäischen
Staaten praktizierte Verhältniswahlrecht beruht nach Popper auf der falschen Vorstellung einer Volksrepräsentation,
die sich aber selbst *ad absurdum* führt. Denn es verschaffe
kleineren Parteien unzumutbar viel Einfluss auf die
Regierungsbildung und biete einer abgewählten Partei die
Möglichkeit, durch die Hintertür einer Koalition die Macht
zu erhalten. Das in England vorherrschende Zweiparteien-
system begünstige demgegenüber den klaren Wechsel von
Opposition zur Regierung und umgekehrt. Ein weiteres Argument Poppers zielt auf einen auch in den kontinentalen
Demokratien selbst empfundenen Missstand. Innerhalb
des Verhältniswahlrechts ist der Abgeordnete mehr seiner
Partei als den Wählern seines Wahlkreises verpflichtet. Die
entstehende Parteiendemokratie blockiert den Einfluss der
Wählerbasis. In England dagegen, so Popper, ist durch das
Prinzip der lokalen Repräsentation der Abgeordnete stärker an die unmittelbaren Bedürfnisse seiner Wählerschaft
angebunden. Poppers Einschätzung wird durch das parla-
mentarische Verhalten englischer Abgeordneter bestätigt,
die im Gegensatz zu Deutschland häufig gegen ihre eigene
Partei stimmen. Es wird auch bestätigt durch die z.B. in
Deutschland entstandene, von der Verfassung nicht vorgesehene und vom Wähler kaum zu beeinflussende Macht-
und Vermögenskonzentration in den Parteien.

Popper hat sich in der Entwicklung seiner politischen
Anschauungen immer im Rahmen des westlichen Demo-

kratiekonsenses bewegt. Doch innerhalb dieses Spektrums rückte er im Laufe der Jahre nach rechts: von einem demokratischen Sozialisten zu einem liberalen Sozialdemokraten und schließlich zu einem konservativen Liberalen im Sinne Hayeks.

Entsprechend sah er nun in der Tradition Kants, Wilhelm von Humboldts und Mills die vornehmliche Aufgabe des Staates darin, die Freiheitsräume des Individuums zu schützen und nicht in das Leben der Individuen einzugreifen. In diesem Sinne unterstützte er die Idee eines „Ministaats". Doch diese Unterstützung ging nicht so weit wie in der radikalliberalen Theorie Robert Nozicks (1938–2002), der mit dem Begriff des „minimal state" auch jede Art der Staatsfürsorge ablehnt. Popper betrachtete den Ministaat lediglich als „regulatives Prinzip". Seine Maxime lautete: „Wir brauchen die Freiheit, um den Missbrauch der Staatsgewalt zu verhindern, und wir brauchen den Staat, um den Missbrauch der Freiheit zu verhindern." (LP 227).

Für Popper war die westliche Demokratie, gerade weil sie Freiheit schützt, Macht kontrolliert und die Arbeit an Reformen erlaubt, das erfolgreichste und effizienteste Herrschaftssystem. Die Freiheit schafft den Raum für Diskussion und Verbesserungen. Geschlossene Gesellschaften, die sich gegen Kritik immunisieren, blockieren notwendige Reformen und Weiterentwicklungen. Popper wies demgegenüber immer wieder auf den „beispiellosen Erfolg" der Demokratien des Westens hin, der es rechtfertige, „auf weitere Verbesserungen zu hoffen." (NW 49)

Sein politischer Optimismus, gepaart mit seinem Vertrauen in die Rationalität und die humanitäre Funktion wissenschaftlicher Forschung, brachte ihn dagegen in einen grundsätzlichen Konflikt mit den ökologischen Bewegungen, die sich seit den 70er Jahren in Westeuropa,

vornehmlich jedoch in Deutschland ausbreiteten. Die
Warnungen des „Club of Rome" vor einer möglichen
Selbstzerstörung des Menschen durch hemmungslosen
Raubbau an den natürlichen Umweltressourcen hielt er
für maßlos übertrieben. Umweltzerstörung war für ihn
ein konstanter Faktor der menschlichen Geschichte. In
den durch die moderne Industriegesellschaft angerichte-
ten Schäden sah er daher keine neue Qualität. Er betrachtete es vielmehr als Verdienst der modernen Wissenschaft
und Gesellschaft, dass der Mensch heute besser als je-
mals zuvor in der Lage ist, ökologische Fehlentwicklungen zu korrigieren: „Ich habe immer die Natur bewundert. Aber ich weiß, dass nur die *Wissenschaft* uns helfen
kann, die Schäden, die selbstverständlich durch uns in
der Welt entstehen, einigermaßen zu korrigieren. Schon
Käfer und Falter haben Wüste und Karste geschaffen:
Wir Menschen haben unsere Umgebung immer schlecht
behandelt und ausgenutzt. Die Annahme, dass dies erst
seit der modernen Industrie, der Technik, der Wissenschaft so sei, ist einfach falsch. Und es war die Wissenschaft, die den Michigansee und den Züricher See gerettet
hat." (NW 31f) Poppers sah die Grünen in den verhäng-
nisvollen, romantisierenden Traditionen der deutschen
Geistesgeschichte. Der antirationalistische Reflex gegen
Aufklärung und Moderne, wie er ihn z.B. auch in der
Philosophie Heideggers am Werk sah, verband sich in
seinen Augen dabei auf politischer Ebene mit einem An-
tiamerikanismus, der besonders im Pazifismus der Frie-
densbewegung zum Ausdruck kam. Als Exilant, der erfahren hatte, dass das pazifistische Stillhalten gegenüber
Hitler diesen in seinen Aggressionen nur ermutigt hatte
und eine totalitäre Diktatur wie der deutsche Faschismus
nur durch Waffengewalt zu Fall gebracht werden konnte,

stand Popper einem bedingungslosen Pazifismus ablehnend gegenüber.

Er trat deshalb auch für das Recht der Demokratien ein, gegen Diktaturen, die den Frieden bedrohten, mit Gewalt vorzugehen. Dieses Recht fasste er sehr weit. Er unterstützte nicht nur den 1991 von westlichen Staaten geführten Golfkrieg gegen den irakischen Diktator Saddam Hussein, sondern befürwortete auch die Idee einer westlichen Eingreiftruppe.

Mitte der 80er Jahre kam es für Popper noch einmal zu einem schwierigen persönlichen Umbruch. Im Spätsommer 1985 war Hennies Krankheit in ihre letzte Phase eingetreten. Sie wollte ihre letzten Tage in Wien in der Nähe ihrer Familie verbringen. Die Poppers verließen London und mieteten im Westen Wiens ein großes Haus. Hennie verstarb im November des gleichen Jahres und wurde, wie viele ihrer Familienmitglieder, auf dem kleinen katholischen Lainzer Friedhof begraben. Franz Kreuzer, inzwischen Minister im Wiener Kabinett, versuchte alles, um Popper in Österreich zu halten. Er bot ihm die Leitung eines neu zu gründenden Ludwig Boltzmann Instituts in Wien an, doch es kam schließlich zu keiner Zusammenarbeit. Das Wien seiner Kindheit und Jugend, das brodelnde Kulturzentrum Mitteleuropas, gab es nicht mehr. Im neuen Wien der Zweiten Republik war er ein Fremder. Seine Freunde und Bekannten von einst lebten in der Welt verstreut, England hatte ihm eine neue Heimat geboten. Im Sommer 1986 entschied er sich zur Rückkehr.

Doch er blieb nicht in Fallowfield. In seinen letzten Jahren gewann eine Frau immer mehr Bedeutung in seinem Leben, die seit 1982 im Hause Poppers als Sekretärin arbeitete: Melitta Mew, eine gebürtige Deutsche. Sie wurde ihm in seinem letzten Lebensjahrzehnt eine unverzichtbare Hilfe der Lebensbewältigung. Popper verkaufte sein Haus und zog in die Nähe der Mews nach Kenley in der Grafschaft Surrey. Auch das neue Haus lag an einer abgelegenen Privatstraße, um ungebetene Besucher zu entmutigen. Es war jedoch etwas geräumiger, um, wie Popper vorausschauend plante, eine eventuell notwendige Pflegekraft aufnehmen zu können. Melitta Mew organisierte nun sein Leben. Sie und ihr Mann Raymond nahmen Popper sogar mit in Urlaub. Poppers 1994 veröffentlichte Vorlesungen zum Leib-Seele-Problem, *Knowledge and the Mind-Body Problem*, enthält die Widmung: „Für Melitta".

Popper überwand den Tod Hennies. Seine letzten Jahre waren glücklich. Hochrangige Besucher kamen in sein Haus, an seinen Geburtstagen wurden kleine Lunch Parties für Freunde arrangiert. Weitere internationale Ehrungen wurden ihm zuteil wie die Verleihung der Goethe Medaille in Weimar, der angesehene japanische Kyoto Preis 1992 und die Otto Hahn Friedensmedaille 1993. Auch finanzielle Sorgen war er endlich los. Er begann sich nun einen alten Traum zu erfüllen und antiquarische Bücher zu kaufen, darunter Erstausgaben von Werken Galileis, Keplers, Hobbes', Humes und Kants. Damit entschädigte er sich ein wenig für den Schmerz, den ihm der Verlust der väterlichen Bibliothek zugefügt hatte. Allerdings hatte er seit seiner Augenoperation Probleme mit dem Lesen, so dass Hennie und später Melitta Mew ihm vieles vorlesen mussten. Auch sein Gehör ließ im Alter erheblich nach.

Popper, der so viele historische Umwälzungen erlebt hatte, wurde in den Jahren 1989/90 auch noch Zeuge des Zusammenbruchs der kommunistischen Staaten Osteuropas. Schon in den Jahrzehnten zuvor hatte seine politische Philosophie dort ihre emanzipatorische Wirkung entfaltet. Ein polnischer Student versicherte ihm 1982, er sei der eigentliche Theoretiker der polnischen Demokratiebewegung der Jahre 1980 und 1981.

Die Veränderungen der politischen Landkarte zugunsten der westlichen Demokratie bestätigten seinen Optimismus und seinen aufklärerischen Glauben an die Kraft der Vernunft. Den Zusammenbruch der kommunistischen Welt kommentierte er in einem Vortrag, den er 1992 auf der Weltausstellung in Sevilla hielt, zusammenfassend mit den Worten: „Der Marxismus ist am Marxismus gestorben." (LP 302), nämlich an seinen falschen Geschichtsprognosen und an der Tatsache, dass seine politischen Vertreter nicht mehr an die eigene Sache geglaubt haben. Nicht ohne Genugtuung stellte Popper fest, „dass sich die Revolution im Osten gegen die Despotie des Kommunismus ganz nach einem Gesetz vollzieht, das ich vor langer Zeit Platons Gesetz der Revolution genannt habe. Eine despotische Klasse löst sich auf, wenn sie den Glauben verliert, den Glauben an ihre Sendung, ihre Autorisation." (NW 52)

Vor allem in den neuen Demokratien Ostmitteleuropas vergaß man Poppers philosophischen Beitrag zur friedlichen Revolution nicht. Zu seinen Verehrern zählte auch der tschechische Staatspräsident Václav Havel, aus dessen Händen er 1994 in Prag den „Open Society Preis" empfing.

Im Zuge der Wende teilte Popper die in England verbreitete Sorge vor einem wiedervereinigten Deutschland. Er lehnte die Wiedervereinigung nicht ab, befürwortete aber einen allmählichen, in Etappen sich vollziehenden Prozess. Er machte auf die enorme Rüstungsindustrie in beiden deutschen Staaten aufmerksam und ermahnte die Deutschen, die Nachkriegsgrenzen zu akzeptieren. Doch ein aus der Erfahrung gespeistes Unbehagen konnte er nicht verbergen: „Man hat den Deutschen Hitler hauptsächlich verziehen wegen einer Reihe von deutschen Politikern, die ernsthaft den Frieden wollten, von Konrad Adenauer bis zu Richard von Weizsäcker. Das hat schon sehr viel Eindruck gemacht. Ich glaube, man hat ihnen den Hitler verziehen, aber man fürchtet natürlich, dass ein anderer Hitler wiederkommen könnte. Und wer kann das ausschließen? Nur die Wachsamkeit der Deutschen kann es ausschließen." (NW 55f.) Popper konnte sich nur mit einem Deutschland anfreunden, das sich eng an die politischen Traditionen des Westens anschloss.

Unabgeschlossene Meditationen über Kosmos, Leben und Erkenntnis

Poppers philosophisches Hauptinteresse galt in seinen letzten Jahren aber nach wie vor Fragen der Kosmologie, der Evolutionstheorie und der Erkenntnistheorie. Wie die frühen griechischen Denker meditierte er über den Kosmos und seine Entwicklung, über die Evolution des Lebens und des Wissens. 1982/83 erschien endlich, von William Bartley herausgegeben, das zu drei Bänden ausgearbeitete *Postscript*.

Um seine Beziehung zu der vom Darwinismus inspirierten Evolutionären Erkenntnistheorie ging es bei einem Treffen, das er 1983 mit Konrad Lorenz hatte, dem Begründer der Evolutionären Erkenntnistheorie und Bekannten aus Wiener Kindertagen. Moderiert von Franz Kreuzer, trafen sich beide am 21. Februar 1983 in Lorenz' Haus in Altenberg bei Wien zum Kamingespräch. Sie besprachen vor allem Themen der Biologie und Erkenntnistheorie und stellten dabei weitgehende Übereinstimmung fest. Außer der Anerkennung eines „genetischen Apriori" waren sie sich unter anderem einig darin, dass die Evolution ein kreativer Prozess ist, der immer wieder zu neuen, unvorhersehbaren Lebensformen führt, dass die Zukunft des Kosmos und des Lebens offen ist und dass Lernen ein aktives Erforschen der Welt ist und keine passive Informationsaufnahme. Ein ernsthafter Dissens zeigte sich lediglich, als Lorenz sich von Poppers 3-Welten-Theorie distanzierte und sich als Anhänger der materialistischen Theorie der Identität von Körper und Geist zu erkennen gab.

Popper hatte also seinem Verständnis eines „offenen Universums" nun auch das Konzept eines „offenen Lebens" an die Seite gestellt. In seiner Adaption des Darwinismus wurde alles organische Leben als eine problemlösende Tätigkeit begriffen. Diesen Ansatz einer kritisch-rationalen Philosophie der Biologie trug Popper in einem Vortrag vor, den er am 12. Juni 1986 vor der Londoner Royal Society hielt.[4] In Poppers „aktivem Darwinismus" wird Darwins natürliche Auslese zu einem Prozess der „aktiven Versuch-und Irrtum-Bewegungen", in dem die Organismen versuchen, bessere Lebensbedingungen zu erschließen. Für den späten Popper ist der mit Hilfe von Hypothesen und Fehlerkorrektur fortschreitende Erkenntnisprozess nicht auf den Menschen beschränkt: „Wir sollten die gesamte Evolution als einen ungeheuer großen Lernprozess

---

[4] Diese so genannte „Medawar-Vorlesung" wurde aus dem Nachlass veröffentlicht: Vgl. Karl R. Popper, „Eine Neuinterpretation des Darwinismus. Die erste Medawar-Vorlesung 1986", in: *Aufklärung und Kritik*, 1/2013, S. 7–20. Der Text liegt inzwischen auch im englischen Original vor in: H.J. Niemann, *Karl Popper and the Two New Secrets of Life. Including Karl Popper's Medawar Lecture 1986 and Three Related Texts*, Tübingen 2014.

betrachten, der natürlich in alle möglichen Richtungen und Spezialisierungen geht."[5]

Bei verschiedenen Anlässen hat der späte Popper seine philosophischen Auffassungen erläutert, so etwa bei dem dreitägigen Wiener Popper-Symposium, an dem im Mai 1983 neben Anhängern des Kritischen Rationalismus wie William Bartley und Gerard Radnitzky auch Vertreter der Evolutionären Erkenntnistheorie wie Rupert Riedl und Gerhard Vollmer teilnahmen, oder in verschiedenen Interviews mit Franz Kreuzer. Außerdem hat er in Publikationen seine Ansichten vom „offenen Universum" erneut dargelegt. So hat er in der Schrift *Eine Welt der Propensitäten* (1990) seine Theorie der Wahrscheinlichkeit als Verwirklichungstendenz dargestellt und in *Knowledge and the Body-Mind Problem* (1994) seine These des Interaktionismus von Körper und Geist verteidigt.

Zu seiner philosophischen Lieblingsbeschäftigung hatte Popper in seinen letzten Jahren sich jedoch die Vorsokratiker ausgewählt. In ihren Theorien über die Entstehung des Kosmos und den Aufbau der Materie sah er nicht nur den Ursprung bedeutender Ideen, die zum Teil erst in der neuzeitlichen Naturwissenschaft voll zur Geltung kamen, sondern vor allem auch die Begründer der wissenschaftlichen, „kritisch-rationalen" Grundhaltung. Indem sie die Einführung einer neuen kosmologischen oder naturphilosophischen Theorie mit Kritik vorangegangener Theorien verknüpften, haben die Vorsokratiker nach Popper die Tradition kritischer Diskussion begründet.

Poppers Lieblinge unter den Vorsokratikern waren Xenophanes und Parmenides. Xenophanes schätzte er

---

[5] Popper, „Eine Neuinterpretation des Darwinismus", a.a.O., S. 12.

als Begründer der griechischen Aufklärung, und zwar nicht nur wegen dessen Kritik anthropomorphistischer Gottesvorstellungen, sondern vor allem auch wegen dessen Vorwegnahme der These, dass alles Wissen „Vermutungswissen" ist. Parmenides' „seltsame Theorie des bewegungslosen Blockuniversums" (WdP 193) deutete Popper dagegen als eine philosophische Ausdeutung der Entdeckung der Kugelform der Erde und des Mondes und sah in ihr den Ursprung aller „antipositivistischen" wissenschaftlichen Bestrebungen, die wahrnehmbare Welt der Erscheinungen durch eine zugrunde liegende Wirklichkeit zu erklären. Nicht zuletzt fand er aber bei Parmenides „das erste deduktive System" (WdP 208) der Welt überhaupt. In seinen Augen war Xenophanes der erste „Fallibilist" und Parmenides der erste „Deduktivist".

Poppers Zugang zu den Vorsokratikern ist von der Martin Heideggers grundsätzlich verschieden. Heidegger hatte sich den frühen griechischen Philosophen zugewandt, weil er bei ihnen ein später verloren gegangenes, „ursprüngliches Seinsverständnis" gefunden zu haben glaubte. Im Gegensatz zu Heideggers Suche nach dem verlorenen „Sinn von Sein" hat Popper die kosmologischen und erkenntnistheoretischen Errungenschaften der Vorsokratiker herausgestellt und sie als Begründer der Traditionen von Wissenschaft und Aufklärung gewürdigt. Die englische Ausgabe der nachgelassenen Schrift *Die Welt des Parmenides* (1998), an der er bis zuletzt arbeitete, trägt den bezeichnenden Untertitel „Essays über die vorsokratische Aufklärung". Meditierend über die Ursprünge des europäischen Denkens und seine eigenen philosophischen Urahnen verbrachte der Kritische Rationalist die letzte Zeit seines langen Lebens.

Popper arbeitete und philosophierte bis zum Ende. Es war ihm ein Tod vergönnt, dem keine lange Leidenszeit voranging. Am Mittwoch, den 7. September 1994 wurde er in ein Krankenhaus im Londoner Stadtteil Croydon eingeliefert, um sich einer komplizierten Operation zu unterziehen. Obwohl er diese zunächst gut überstand, starb er am 17. September 1994 an nachträglich aufgetretenen Komplikationen. Gemäß seinem Willen wurde er verbrannt und seine Urne in Wien neben seiner Frau beigesetzt. Sein Haus vererbte er den Mews, die auch zu alleinigen Nachlassverwaltern bestimmt wurden. In einer Gedenkzeremonie am 12. Dezember 1994 an seiner alten Universität, der London School of Economics, wurde noch einmal die Fuge aufgeführt, die der junge Popper für das Wiener Konservatorium komponiert hatte.

7. Ein moderner Aufklärer

Zusammen mit Bertrand Russell, Ludwig Wittgenstein und Martin Heidegger gehört Karl R. Popper zu den bedeutendsten Philosophen des 20. Jahrhunderts. Als Wissenschaftstheoretiker, politischer Philosoph und Metaphysiker nahm er gleichermaßen Impulse der mitteleuropäischen und der angelsächsischen Philosophietradition auf. Als Engagement für „kritische Vernunft" ist sein Kritischer Rationalismus die wichtigste Form, die sich die Aufklärung im Kontext der Moderne gegeben hat. Es gehört jedenfalls zu Poppers Verdiensten, zur Stärkung der Rolle kritischer Vernunft in Philosophie, Wissenschaft und Öffentlichkeit maßgeblich beigetragen zu haben. Als legitimes Kind der Aufklärung ist der Kritische Rationalismus mehr als eine theoretisch-philosophische Position. Er ist, in den Worten des Kritischen Rationalisten Hans Albert, der „Entwurf einer Lebensweise."

Ganz aufklärerisch ist auch Poppers Verständnis von Philosophie als aufgeklärtem Alltagsverstand. „Alle Menschen sind Philosophen. Auch wenn sie sich nicht bewusst sind, philosophische Probleme zu heben, so haben sie doch jedenfalls philosophische Vorurteile. Die meisten davon sind Theorien, die sie als selbstverständlich akzeptieren: Sie haben sie aus ihrer geistigen Umwelt oder aus der Tradition übernommen ... Es ist eine Rechtfertigung der Existenz der professionellen oder akademischen Philosophie, dass es notwendig ist, diese weitverbreiteten und einflussreichen Theorien kritisch zu untersuchen und zu überprü-

Ich bin kein Fachphilosoph: Ich habe nie ein Akademiker werden wollen, sondern ein Schullehrer in den Fächern Mathematik, Physik, Chemie, Biologie. Aber ich habe von Jugend an versucht, philosophische Bücher, die mich faszinierten, zu lesen. Vor allem Schopenhauer und Kant. Später Eduard von Hartmann, insbesondere sein Buch über Physik, Schlick. Ich habe dann ein paar Vorlesungen in Philosophie in Wien versucht, fand sie aber langweilig, im Gegensatz zu Büchern, und kam in keiner über die 2. oder 3. Vorlesungsstunde hinaus – auch nicht bei Schlick; sehr im Gegensatz zu mathematischen Vorlesungen.

Popper-Brief vom 17.12.1992 (siehe S. 25 f.)

fen." (SbW 201) In dieser Auffassung wird der Philosophie eine universale kritische Funktion zugesprochen, aber zugleich steckt darin, wenn auch nicht ganz so offensichtlich, eine ausgesprochen selbstkritische philosophische Grundhaltung, die dem „gesundem Menschenverstand" oder „common sense" einen positiven Sinn und Wert belässt.

Eine kritische Funktion hat die Philosophie sowohl gegenüber dem Alltagsverstand als auch gegenüber den Wissenschaften. Ihre Aufgabe besteht nämlich darin, die grundlegenden, weltanschaulichen Vorstellungen des alltäglichen und des wissenschaftlichen Denkens im Lichte kritischer Vernunft zu prüfen. Da alle Menschen philosophische Ideen haben und da diese Ideen einen beträchtlichen, nicht immer positiven Einfluss auf ihr Leben und Handeln haben, sieht Popper eine Rechtfertigung der akademischen Philosophie darin, die philosophischen Vorstellungen der Menschen zu prüfen. Da aber auch in den Wissenschaften philosophische Ideen und Prinzipien eine wichtige, wenngleich nicht immer bemerkte Rolle spielen, und zwar insbesondere hinsichtlich ihrer methodologischen, ethischen und metaphysischen Voraussetzungen, gehört zu Poppers Verständnis von kritischer Vernunft die Forderung, nicht nur den Alltagsverstand, sondern auch die Wissenschaften über sich selber kritisch aufzuklären. Ihre kritische Funktion kann und soll die Philosophie nach Popper auch ausüben, indem sie eine kritische, antidogmatische Denkweise in allen Bereichen des öffentlichen Lebens fördert und unterstützt. Kritischer Rationalismus postuliert ein gesundes Misstrauen gegen jede Art von Autorität und Expertentum, eine kritische Haltung gegenüber den Wissenschaften ebenso wie eine selbstkritische Einstellung der Wissenschaftler. Eine leichtgläubige, kritiklose Einstellung zu „Expertisen", „wissenschaft-

lichen Gutachten" und „alternativlosen Entscheidungen"
in der Politik passt nicht zu einem mündigen Bürger in
einer offenen Gesellschaft.

In Poppers Auffassung von Philosophie als aufgeklärtem Alltagsverstand kommt neben der kritischen Grundhaltung auch eine positive Einstellung zum common sense
zum Ausdruck. Denn obgleich die Philosophie vor allem
eine kritische Aufgabe hat, nimmt sie doch ihren Ausgangspunkt vom alltäglichen Welt- und Selbstverständnis des Menschen. Dies bedeutet, dass die common sen-
se-Überzeugungen zunächst einmal vorgegeben sind,
gewissermaßen als Lebensweisheit der Tradition. Die
Überzeugungen des Alltagsverstandes sind zwar nicht
sakrosankt und immun gegen Kritik und Revision, aber
sie sind doch Auffassungen, die nur mit „guten Gründen"
preisgegeben werden sollten. Dem Alltagsverstand bringt
Popper damit ein gewisses Grundvertrauen entgegen, wohingegen er „abgehobener" spekulativer Philosophie, die
sich vom Alltagsverstand löst und die in ihren Konsequenzen dem common sense völlig entgegenläuft, mit tiefem
Misstrauen begegnet. Als aufgeklärten Alltagsverstand betrachtet Popper etwa den kritischen Realismus, der in der
realistischen Grundthese von der Erkennbarkeit der Welt
mit dem Alltagsverstand übereinstimmt, jedoch im Gegensatz zum „naiven Realismus" des Alltagsverstandes die
völlige Adäquatheit von Wahrnehmung und Wirklichkeit
leugnet. Entsprechend geht Popper ganz allgemein davon
aus, dass der Alltagsverstand im Kern zutreffende Auffassungen enthält, obgleich seine konkreten Erscheinungsfor-
men korrekturbedürftig sind. Philosophie als aufgeklärter
Alltagsverstand involviert also sowohl das Bekenntnis zur
Kritik als universaler Aufgabe der Philosophie als auch die
Überzeugung, dass die alltägliche Welt- und Selbstauffas-

sung des Menschen einen richtigen Kern enthält, der philosophischer und wissenschaftlicher Kritik standhält.

Das Philosophieverständnis, das in der Auffassung vom aufgeklärten Alltagsverstand enthalten ist, hat also einen selbstkritischen Akzent, der auch in dem Schlagwort „kritische Vernunft" zum Ausdruck kommt. Popper hatte diesen Begriff ursprünglich ja geprägt, um sich gegen übertriebene Vorstellungen von der Kompetenz und Reichweite der Vernunft abzugrenzen. Zu „kritischer Vernunft" gehört daher gerade die Besinnung auf die Grenzen der Erkenntnis und auf die Fehlbarkeit menschlichen Denkens und Handelns überhaupt. Mit der Betonung der Grenzen der Vernunft gibt Popper Kants aufklärerischem Projekt der Vernunftkritik eine moderne Fassung. Anders als Kant sieht er jedoch die Grenzen der Erkenntnis nicht in einer prinzipiellen Unzugänglichkeit der Wirklichkeit, sondern vielmehr im vorläufigen, hypothetischen Charakter aller Erkenntnis. Wie weit auch immer die Wissenschaften in die Tiefe der Materie und die Weite des Kosmos eindringen, stets bleiben ihre Theorien und Resultate hypothetisch. Indem Popper die Idee apriorischer oder apodiktischer Erkenntnis zurückweist und stattdessen die Fehlbarkeit als universales Kennzeichen der Erkenntnis betrachtet, kann er auch den philosophischen Fallibilismus in common sense-Auffassungen wie „Irren ist menschlich" oder „Alle Menschen sind fehlbar" verankern.

Mit Poppers Auffassung von kritischer Vernunft sind verschiedene Komponenten verknüpft, die einen ausgesprochen aufklärerischen Charakter haben. Akzeptiert man die Fehlbarkeit menschlichen Erkennens und Handelns, dann gehört zu einer „vernünftigen Einstellung" zunächst die Offenheit für Kritik und die Bereitschaft zum Lernen aus Fehlern. Man muss bereit und willens sein, kritische Einwände anzuhören, sie auf ihre Plausibilität zu prüfen, also eigene Auffassungen infrage zu stellen und gegebenenfalls zu korrigieren. Aus Fehlern und Irrtümern lernt man dagegen weniger oder gar nicht, wenn man sie verschleiert oder leugnet. „Wir müssen daher dauernd nach unseren Fehlern Ausschau halten. Wenn wir sie finden, müssen wir sie uns einprägen; sie nach allen Seiten analysieren, um ihnen auf den Grund zu gehen. … Die selbstkritische Haltung und die Aufrichtigkeit werden damit zur Pflicht." (SbW 228) Die Bereitschaft, aus Fehlern zu lernen, stellt wohl nicht unerhebliche charakterliche und intellektuelle Anforderungen, sie ist jedoch eine vernünftige Einstellung, die durch Erziehung und Übung entwickelt werden kann. Dieser Aspekt von Poppers kritisch-rationaler Grundeinstellung ist denn auch in der wissenschaftlichen und öffentlichen Diskussion aufgenommen worden.

Zum Wissen um die Fehlbarkeit des Menschen gehört nach Popper vor allem auch intellektuelle Bescheidenheit. Wenn man sich stets bewusst bleibt, wie fehlbar und vorläufig alle menschlichen Erkenntnisbemühungen sind, sollte man intellektuelle Eitelkeit und Überheblichkeit – bei sich selbst wie bei anderen – bekämpfen. Intellektuelle sollten der Versuchung widerstehen, mit ihren Fähigkeiten und Leistungen zu prahlen und vor ihren Mitbürgern als große Denker, Künstler oder Wissenschaftler zu posieren. Das Bewusstsein um die Grenzen unseres Wissens und um die Unzulänglichkeit menschlicher Taten gehört dagegen zur intellektuellen Redlichkeit und Bescheidenheit, wie Popper sie vorbildlich bei Sokrates ausgebildet gefunden hat.

Intellektuelle Bescheidenheit zeichnet sich nach Popper auch durch das Bemühen um Klarheit und Verständlichkeit in Rede und Schrift aus. Gerade Philosophen sollten ihre Ideen und Theorien in einer möglichst klaren Sprache formulieren. Keine Erscheinungsform der Philosophie hat so sehr seinen Zorn auf sich gezogen wie „orakelnde Philosophen", die ihre Gedanken in einer dunklen, schwer verständlichen Sprache präsentieren. Die dahinter stehende Intention, Mitmenschen durch vermeintlichen Tiefsinn zu beeindrucken, hat Popper immer wieder scharf gegeißelt. Dagegen hat er Russell und Schopenhauer als seine Vorbilder in puncto Klarheit und Verständlichkeit bezeichnet. Besonders übel genommen wurde ihm in diesem Zusammenhang nicht selten, dass er sich Schopenhauers pauschaler Attacke auf den „Windbeutel" Fichte und den „Scharlatan" Hegel vorbehaltlos angeschlossen hat. Nun mag Poppers Urteil über die betrügerische Intention philosophischer „Dunkelmänner" vielleicht strittig bleiben, an dem Befund der Dunkelheit ihrer Schriften und den fatalen Auswirkungen auf philosophische Schüler und Nachahmer wird sich damit wenig ändern. Im Gegensatz zu Wittgensteins Redeverbot über das „Unsagbare", das einen unverkennbar mystischen Hintersinn hat, hat Poppers Gebot der Klarheit und Verständlichkeit eine eindeutig aufklärerische Intention.

Poppers kritisch-rationale Grundeinstellung bedeutet nicht zuletzt auch ein Engagement für die alten aufklärerischen Ziele der Humanität, Freiheit und Toleranz, das sich aber der Grenzen menschlicher Möglichkeiten bewusst bleibt. „Der Rationalismus ist also mit der Idee verbunden, dass der andere ein Recht hat, gehört zu werden und seine Argumente zu verteidigen. Das bedeutet, dass der Rationalismus auch die Forderung nach Toleranz enthält, zumindest für alle jene, die nicht selbst intolerant sind." (GW 6, 279 [OG II 293]) Auch die ethischen Werte haben

nach Popper eine Grundlage im Alltagsverstand, nämlich in den alltäglichen Erfahrungen, dass Schmerz und
Leid Übel sind, die möglichst vermieden werden sollten,
und dass ein selbstbestimmtes Leben, das genügend Raum
zur persönlichen Entfaltung und zum Streben nach Glück
lässt, allgemein geschätzt wird. Die Realisierung der Werte
der Humanität, Freiheit und Toleranz in einer Gesellschaft
erfordert jedoch, wie Popper stets betont hat, den aktiven
Einsatz möglichst vieler Menschen. Das Engagement für
kritische Vernunft und Humanität muss sich gerade im
Kampf mit den Gegnern der aufklärerischen Werte immer
wieder bewähren.

Als Anhänger kritischer Vernunft und als Vertreter der
Aufklärung in der Moderne hat Popper sich auch gegen
bestimmte Formen von Kultur- und Gesellschaftskritik
positioniert. Obwohl er weder soziale Missstände noch
ökologische Fehlentwicklungen generell bestreiten wollte,
hat er doch die pessimistische Schwarzmalerei abgelehnt
und dagegen die großen Errungenschaften der westlichen
Gesellschaften herausgestellt, die ein Leben in Freiheit und
Wohlstand in einem noch nie da gewesenen Ausmaß er-
möglicht haben. Die Fundamentalkritik an der Moderne,
wie sie früher eine „Dialektik der Aufklärung" und zuletzt eine relativistische Postmoderne geübt hat, teilt Popper nicht. Seine kritisch-rationale, humanitäre Einstellung
schließt Zugeständnisse an einen ethischen Relativismus
in der Frage der Universalität der Menschenrechte aus.
Sein Optimismus, sein Glaube an den Menschen und an
den wissenschaftlichen Fortschritt sind auch angesichts
der Katastrophen des 20. Jahrhunderts nicht erschüttert
worden.

In einem Jahrhundert, in dem im Anschluss an Nietzsche von Heidegger bis zur Postmoderne zielstrebig der

Versuch unternommen wurde, den Gedanken der Rationalität und Wissenschaftlichkeit zu „dekonstruieren", hat Karl Raimund Popper ebenso zielstrebig wie erfolgreich ihre Überlebensfähigkeit demonstriert.

8. Poppers Spuren in der Gegenwart

Poppers Kritischer Rationalismus hat sowohl in der Philosophie als auch in den Wissenschaften und in der politischen Öffentlichkeit seine Wirkung entfaltet. Popper gilt unbestritten als der maßgebende moderne Wissenschaftstheoretiker. Als solcher ist er aus dem Umfeld des Wiener Kreises hervorgegangen und hat dessen wissenschaftliche Grundhaltung übernommen. Zu Poppers epochemachenden Beiträgen zur modernen Wissenschaftstheorie gehören seine Abgrenzung von Wissenschaft und Nicht-Wissenschaft durch das Kriterium der Falsifizierbarkeit sowie seine Kritik der induktiven Methode und ihre Ersetzung durch die deduktiv-hypothetische Methode der Nachprüfung. Poppers Thesen, dass wissenschaftliche Theorien nicht verifiziert, sondern nur falsifiziert werden können und dass sie daher möglichst harten empirischen Tests unterworfen werden müssen, hat das Selbstverständnis moderner Wissenschaftler, wie zum Beispiel der Nobelpreisträger John C. Eccles, Peter Medawar und Jacques Monod (1910–1976), entscheidend geprägt. Eine wichtige Rolle spielt Popper in dieser Hinsicht auch bei medienpräsenten Wissenschaftlern wie Hoimar von Ditfurth (1921–1989) und Harald Lesch (geb. 1947) oder bei bekannten Wissenschaftspublizisten wie John Horgan (geb. 1953) und Ernst Peter Fischer (geb. 1947). Breite Anerkennung hat ferner Poppers Auffassung gefunden, dass gerade auch Aussagen über Beobachtungen und Experimente stets hypothetisch bleiben, dass es also keine zweifelsfreie empirische „Basis"

der Wissenschaften geben kann. Als besonders einflussreich hat sich die damit verknüpfte erkenntnistheoretische
Position des Fallibilismus erwiesen: Die traditionellen Versuche, irgendeine Einsicht oder Instanz der menschlichen
Erkenntnis als „absolut gewiss" oder als „notwendige Be-
dingung" des Denkens auszuzeichnen, haben seit Popper
nur noch wenige Anhänger.

Poppers wissenschaftstheoretische Position, die von der
Falsifizierbarkeit als Kennzeichen der Wissenschaft aus-
geht und darauf eine Methodologie der kritischen Prüfung
stützt, konnte sich auch gegen die seinerzeit viel beachte-
ten Kritiken Kuhns und Feyerabends behaupten. Deren
wissenschaftsgeschichtliche Einwände, die die Falsifizierbarkeit wissenschaftlicher Theorien leugnen und damit die
Differenz zwischen Wissenschaft und Metaphysik (bzw.
Ideologie und Mythos) verwischen, haben sich trotz spek-
takulärer Anfangserfolge nicht durchgesetzt. Auch wenn es
in der Wissenschaftspraxis mitunter schwierig sein mag,
eine Theorie durch Beobachtungen oder Experimente zu
widerlegen oder eine Entscheidung zwischen konkurrierenden Theorien aufgrund empirischer Befunde herbeizuführen, ist es doch weitgehend allgemeiner Konsens geblie-
ben, dass intersubjektive Prüfbarkeit und Falsifizierbarkeit
Charakteristika der Wissenschaft sind. Dass Poppers Wissenschaftstheorie in dieser grundlegenden Hinsicht Recht
behalten hat, zeigt sich auch daran, dass in der neueren wissenschaftstheoretischen Diskussion, an der Wissenschafts-
philosophen wie Martin Carrier (geb. 1955) und Volker Gadenne (geb. 1948) beteiligt sind,[1] der Focus mehr auf der

---

[1] Vgl. z.B. Martin Carrier, „Werte und Objektivität in der
Wissenschaft", in: *Information Philosophie* 4/2013, S. 8–13; Volker
Gadenne, „Was ist ein guter Widerlegungsversuch?", in: Reinhard

Klärung des logischen Status und der präzisen Formulierung methodologischer Regeln liegt, die angeben, unter welchen Bedingungen eine wissenschaftliche Theorie als widerlegt oder als (vorläufig) akzeptabel zu gelten hat.

Eine wichtige Fortführung hat Poppers Fallibilismus in Hans Alberts Kritik des Begründungsdenkens gefunden. Albert hat in seinem *Traktat über kritische Vernunft* (1968) gezeigt, dass alle Versuche, ein philosophisches Prinzip oder eine grundlegende Idee als unerschütterliche Basis (oder „archimedischen Punkt") der Erkenntnis zu begründen, in die ausweglose Situation des „Münchhausen-Trilemmas" führen. Danach hat man nur die Wahl zwischen einem unendlichen Regress des Begründens (der praktisch undurchführbar ist), einer zirkulären Argumentation (die logisch fehlerhaft ist) oder schließlich dem Abbruch des Begründens bei einem Prinzip, das als evident oder notwendig behauptet wird. Zwar ist der Abbruch des Begründens an irgendeinem Punkt, wie Albert immer wieder betont hat, das in der Praxis übliche Verfahren; er bleibt aber doch die typische Form der Dogmatisierung von möglicherweise fehlbaren Prinzipien. Im Rückgriff auf diese Analysen hat Albert sich mit verschiedenen zeitgenössischen Strömungen der Philosophie kritisch auseinandergesetzt. Großes Aufsehen erregte seine Polemik gegen die von Karl-Otto Apel (geb. 1992) und Jürgen Habermas unternommenen Versuche einer „Letztbegründung" moralischer Normen. Auch die philosophische Hermeneutik Martin Heideggers und Hans-Georg Gadamers (1900–2002), die eine vorwissenschaftliche, in der alltäglichen Lebenswelt verwurzelte Erkenntnisbasis annimmt,

---

Neck / Kurt Salamun (Hg.), *Karl R. Popper – Plädoyer für krisch-rationale Wissenschaft*, Frankfurt am Main 2004, S. 63–75.

hat Albert in seiner Schrift *Kritik der reinen Hermeneutik* (1994) als Dogmatismus zurückgewiesen und dagegen mit Popper die Kritisierbarkeit und Revidierbarkeit des „Alltagsverstandes", also des alltäglichen Welt- und Selbstverständnisses herausgestellt. Alberts Kritik philosophischer Letztbegründungen hat maßgeblich dazu beigetragen, dass der Fallibilismus sich mittlerweile in Philosophie und Wissenschaft weitgehend durchgesetzt hat.

Schüler und Anhänger Poppers haben den Fallibilismus auch für die Theologie eingefordert. Zunächst stellte William W. Bartley den Widerstreit zwischen kritischem und ideologischem Denken in der modernen Theologie heraus.[2] Danach hat sich Hans Albert in seinen theologiekritischen Schriften wiederholt gegen Auffassungen gewandt, die den Glauben als vernünftig und als vereinbar mit dem wissenschaftlichen Weltbild betrachten. Alberts Kritik wurde von Theologen als große Herausforderung begriffen und hat daher verschiedene Repliken veranlasst. So haben Hans Ebeling (geb. 1939) und Hans Küng (geb. 1928) die theologischen Begründungen des Glaubens gegen Alberts Kritik zu verteidigen versucht. Im Gegensatz dazu hat Wolfhart Pannenberg (geb. 1928) die Prinzipien des Kritischen Rationalismus übernommen, um eine falsifizierbare Theologe zu entwickeln.[3]

Eine weitere sehr einflussreiche Komponente von Poppers Erkenntnis- und Wissenschaftstheorie ist der erkenntnistheoretische Realismus. Das Realismus-Idealismus-Problem war vom Wiener Kreis bekanntlich als Scheinproblem auf den Kehrichthaufen der Philosophie-

---

[2] Vgl. W.W. Bartley, *Flucht ins Engagement*, Tübingen 1987.

[3] Vgl. Wolfhart Pannenberg, *Wissenschaftstheorie und Theologie*, Neuaufl. Frankfurt am Main 1987.

geschichte geworfen worden. Demgegenüber hat Popper in den 50er Jahren den Realismus als legitime philosophische Position rehabilitiert. Er verteidigte den realistischen Erkenntnisanspruch der Wissenschaften vor allem gegen instrumentalistische Deutungen wissenschaftlicher Theorien und Hypothesen und stellte ihn in Auseinandersetzung mit Idealismus und Skeptizismus auch als akzeptablen Bestandteil des Alltagsverstandes heraus. In der Anerkennung eines solchen Realismus sind ihm alle Vertreter des Kritischen Rationalismus gefolgt, wobei neben Hans Albert und dem frühen Paul Feyerabend insbesondere Alan Musgrave, Mario Bunge, Gerhard Vollmer (geb. 1943) und Bernulf Kanitscheider (geb. 1939) mit wichtigen Beiträgen hervorgetreten sind. Bunge, Vollmer und Kanitscheider haben darüber hinaus, im Anschluss an Popper, für eine realistische Interpretation der Quantenphysik plädiert. Anders als in der analytischen Philosophie, wo antirealistische Positionen nach wie vor ziemlich verbreitet sind, ist der kritische Realismus unter dem Einfluss Poppers wieder zum Gemeingut wissenschaftlich orientierter Philosophen und philosophierender Wissenschaftler geworden, womit die durch den logischen Positivismus des Wiener Kreises geprägte jahrzehntelange Vorherrschaft phänomenalistischer und instrumentalistischer Positionen überwunden wurde.

Erheblichen Einfluss hatte Popper auch auf die Entwicklung einer evolutionären Erkenntnistheorie. In Anknüpfung an Popper hat zunächst der amerikanische Psychologe Donald T. Campbell (1916–1996) eine evolutionäre Sicht des menschlichen Erkenntnisvermögens entworfen.[4] Als einflussreiche Position wurde die Evolutionäre

---

[4] Donald T. Campbell, „Evolutionary Epistemology," in: P.A.

Erkenntnistheorie danach von Konrad Lorenz begründet und von Rupert Riedl (1925–2005) und Gerhard Vollmer weiter ausgearbeitet. Popper hat dieser Position nicht nur durch seine Wissenschaftstheorie wichtige Impulse gegeben, sondern auch durch die Einführung evolutionärer Gesichtspunkte in die Erkenntnistheorie, die er insbesondere in seinem Werk *Objektive Erkenntnis. Ein evolutionärer Entwurf* (1972) vorgenommen hat. Popper hat sogar das Kernstück der Evolutionären Erkenntnistheorie, nämlich die biologische Umdeutung des transzendentalen Apriori Kants, in seiner frühen Schrift *Die beiden Grundprobleme der Erkenntnistheorie* (1979) vorweggenommen. Im Kontext seiner dort vorgetragenen Kant-Kritik hat der junge Popper ein „genetisches Apriori" als erfolgversprechendes Forschungsprogramm konzipiert, das von der Evolutionären Erkenntnistheorie später biologisch entfaltet und philosophisch ausgedeutet worden ist. Der menschliche Geist (oder Erkenntnisapparat) verfügt danach über angeborene Prinzipien, die stammesgeschichtliche Anpassungen an die Realität darstellen und die daher, weil sie dem Überleben dienen, mit der Realität zumindest partiell übereinstimmen, ohne deswegen jedoch ein für allemal fixiert oder in jeder Hinsicht verlässlich zu sein. Wie vor allem Gerhard Vollmer in seinem Werk *Evolutionäre Erkenntnistheorie* (1981) betont hat, sind angeborene Prinzipien wie die (euklidische) Raumvorstellung und das Kausalitätsprinzip für den wahrnehmbaren „mesokosmischen" Bereich weitgehend zutreffend, versagen jedoch für die mikro- und makrokosmischen Bereiche. Diese zentrale Idee der Evolutionären Erkenntnistheorie hat Popper bereits in

---

Schilpp, *The Philosophy of Karl R. Popper*, 2 Bde., La Salle / Illinois 1974.

seiner frühen Schrift formuliert, die jedoch erst 1979 publiziert wurde. Sie hat deshalb wohl auch keinen Einfluss auf die Ursprünge der Evolutionären Erkenntnistheorie ausgeübt. Gleichwohl hat er durch seine Erkenntnis- und Wissenschaftstheorie einer evolutionären Sicht des menschlichen Intellekts den Weg geebnet.[5] Darüber hinaus hat Popper durch eine neue Deutung des Darwinismus, die die aktive Rolle der Lebewesen als „Problemlöser" besonders betont, dem Evolutionsdenken insgesamt, wie es insbesondere von Richard Dawkins (geb. 1941) und Franz Wuketits (geb. 1955) propagiert wird, wichtige Impulse gegeben.

Popper hatte seine falsifikationistische Wissenschaftstheorie ursprünglich durch eine Analyse der in den Naturwissenschaften verwendeten Methoden entwickelt, doch vertrat er von Anfang die „Einheit der wissenschaftlichen Methode". Seine Grundthese, dass auch historische und soziale Ereignisse durch allgemeine Gesetzeshypothesen erklärt werden müssen, wurde von seinen dialektischen und hermeneutischen Gegnern zwar als „Szientismus" diffamiert, doch konnte Popper sich auch in dieser methodologischen Grundfrage gegen seine Kritiker behaupten. Soziologen wie Ralf Dahrendorf und Hartmut Esser (geb. 1943) haben in dieser Hinsicht an Popper angeknüpft. Auch andere Disziplinen der Sozialwissenschaften wie Ökonomie und Jurisprudenz erhielten durch den Kritischen Rationalismus wichtige Anstöße. Maßgeblich daran beteiligt war Hans Albert.

In den Wirtschaftswissenschaften hat Albert vor allem die Rolle nicht-falsifizierbarer Modellvorstellungen und die Vermengung von Tatsachenaussagen mit Wert-

---

[5] Vgl. Franz M. Wuketits, „Karl Popper und sein Beitrag zum Evolutionsdenken", in: Neck/Salamun (2004).

urteilen kritisiert. Der Einfluss Poppers und Alberts zeigt sich in der Diskussion um den Grundbegriff des rationalen Verhaltens, das den wirtschaftenden Menschen bei der Befriedigung seiner Bedürfnisse in einer Welt knapper Güter auszeichnen soll. Wirtschaftswissenschaftler wie Reinhard Neck (geb. 1951) und Gebhard Kirchgässner (geb. 1948) bemühen sich dabei um die Klärung des Begriffs der ökonomischen Rationalität und um die Differenzierung zwischen dem normativen Ideal der Rationalität und dem tatsächlichen Verhalten der Menschen.[6]

Mit der Rechtswissenschaft hat Popper sich zwar selbst nicht auseinandergesetzt, doch zeigt sich sein Einfluss auch hier. In Anknüpfung an Popper hat Reinhold Zippelius die Entwicklung des juristischen Denkens als Folge von Versuch und Irrtum zu verstehen versucht und Hans Albert hat im Anschluss an Poppers Auffassung von Sozialwissenschaft auch die Rechtswissenschaft als eine sozialtechnologische Disziplin gedeutet, nämlich als eine Wissenschaft, die die Interpretationen von Gesetzen als Mittel verstehen und handhaben sollte, um vorausgesetzte soziale Ziele wie Freiheit, Sicherheit und Wohlfahrt zu erreichen. Da nun das Einkalkulieren der wahrscheinlichen Auswirkungen von Gesetzen sich auf empirisches Wissen stützen muss, ist Rechtswissenschaft nach Albert keine rein normative Disziplin. Eine Grundlagendiskussion, die von Rechtswissenschaftlern und Rechtsphilosophen wie Michael Potacs und Eric Hilgendorf unter Rückgriff auf kritisch-rationale Prinzipien geführt wird, dreht sich daher um die Rolle empirischen Wissens in der Rechtswis-

---

[6] Vgl. Reinhard Neck, „Karl Popper und die Wirtschaftswissenschaften", in: Neck/Salamun (2004); Gebhard Kirchgässner, *Homo oeconomicus*, 3. Aufl. Tübingen 2008.

senschaft und den erkenntnistheoretischen Status juristischer Deutungen von Gesetzen.[7]

Mit seiner Spätphilosophie der drei Welten ist Popper zum Metaphysiker geworden, doch hat sein Bekenntnis zur Willensfreiheit und zum Leib-Seele-Dualismus keine große Resonanz gefunden. Nur vereinzelt haben Gegner des Materialismus wie Martin Carrier und Jürgen Mittelstraß (geb. 1936) auf Popper zurückgegriffen, um ihre Versionen eines Leib-Seele-Dualismus zu entwickeln.[8] Doch insgesamt sind Poppers metaphysische Theorien sowohl im Kritischen Rationalismus als auch innerhalb der materialistisch orientierten analytischen Philosophie des Geistes weitgehend auf Ablehnung gestoßen. Seine 3-Welten-Theorie, die anscheinend einen Mittelweg zwischen einem traditionellen Substanzen-Dualismus und einem modernen nicht-reduktiven Materialismus zu gehen versucht, gilt gewöhnlich als Fremdkörper in Poppers Werk. Nicht zuletzt seine Verknüpfung von traditionellem Platonismus und historisch-evolutionärem Denken, verbunden mit der überraschenden These, dass Evolutionstheorie und Materialismus unvereinbar sind, hat Widerspruch erfahren. Dennoch enthält Poppers Position durchaus eine Reihe von Elementen, die sich mit einem nicht-reduktiven, emergentistischen Materialismus, wie er etwa von Mario Bunge entwickelt worden ist, durchaus vereinbaren lassen.[9] Eine

---

[7] Vgl. Reinhold Zippelius, *Recht und Gerechtigkeit in der offenen Gesellschaft*, 2. Aufl. Berlin 1996; Michael Potacs, „Kritischer Rationalismus und Rechtswissenschaft", in: Neck/Salamun (2004).

[8] Martin Carrier/Jürgen Mittelstraß, *Geist, Gehirn, Verhalten. Das Leib-Seele-Problem und die Philosophie der Psychologie*, Berlin – New York 1989.

[9] Vgl. Mario Bunge, *Das Leib-Seele Problem*, Tübingen 1984.

solche Position, die in ähnlicher Form unter anderem von Gerhard Vollmer und Bernulf Kanitscheider vertreten wird, betrachtet die Welt als eine Schichtung von aufeinander aufbauenden Systemen, die von physischen und chemischen über biologische zu psychischen und sozialen Systemen reicht. Ähnlich wie Popper betont diese Position den emergenten Charakter der höheren Schichten des Lebens und des Geistes, doch distanziert sie sich von Poppers Auffassung, indem sie jeden Anschein einer Autonomie des Mentalen vermeidet. Auch Poppers Freiheitstheorie, die in origineller Weise evolutionstheoretische und quantenphysikalische Überlegungen verknüpft, um den Begriff der Willensfreiheit im Rahmen eines indeterministischen, evolutionären Weltbildes zu verankern, ist nur vereinzelt auf Resonanz gestoßen.[10] Gleichwohl bleibt abzuwarten, ob diese Theorie, die sich mit bloßer „Handlungsfreiheit" nicht zufrieden gibt, der weiteren Diskussion um Freiheit und Verantwortung noch einmal fruchtbare Anstöße zu geben vermag.

Wenngleich Poppers inhaltliche Beiträge zur Metaphysik eher geringe Beachtung gefunden haben, hat er doch als Erkenntnis- und Wissenschaftstheoretiker maßgeblich zur Wiedergeburt der Metaphysik in der zweiten Hälfte des 20. Jahrhunderts beigetragen. Dass metaphysisches Denken keineswegs „sinnlos" ist, sondern wissenschaftliche Theorien sogar befruchten kann, hatte Popper schon früh betont. Seit den 50er Jahren versuchte er darüber hinaus zu demonstrieren, dass auch metaphysische Ideen einer rationalen Diskussion und Kritik zugänglich sind.

---

[10] Vgl. John W.N. Watkins, „Indeterminismus und Interaktionismus. Zwei Thesen von Karl Popper", in: ders. *Freiheit und Entscheidung*, Tübingen 1978.

Seinen Bemühungen um eine „rational argumentierende" Metaphysik ist es vor allem zu verdanken, dass metaphysisches Denken sich nunmehr in engem Kontakt mit den Wissenschaften entfaltet und dass metaphysische Ideen insbesondere hinsichtlich ihrer Kompatibilität mit wissenschaftlichen Theorien befragt werden.[11] Dass moderne Metaphysik vor allem wissenschaftlich orientiert sein muss, also auf die traditionellen Ambitionen einer rein apriorischen Disziplin verzichtet, ist damit zu einer weit verbreiteten Grundhaltung geworden, die sich vollständig im Kritischen Rationalismus und auch weitgehend in der analytischen Philosophie durchgesetzt hat.[12]

Gerade in der englischsprachigen Welt beruht die Popularität Poppers auch auf seinen Beiträgen zur politischen Philosophie. Wie kein anderer moderner Denker hat er die unverzichtbare Rolle von Freiheit und Kritik in Politik und Gesellschaft herausgestellt. Mit seiner philosophischen Verteidigung der Demokratie gehört Popper zu den einflussreichsten Denkern der Moderne. Der von ihm geprägte Begriff der „offenen Gesellschaft" ist dabei zu einem Schlüsselbegriff im Selbstverständnis westlicher Demokratien geworden.

Poppers politische Philosophie wirkte vor allem in zwei Themenbereichen: in der Totalitarismuskritik und in der Diskussion um die Grundlagen einer liberalen und sozialen Demokratie. Popper gilt, neben Hannah Arendt, als der herausragendste Vertreter der Totalitarismuskri-

---

[11] Vgl. M. Morgenstern, „Popper und das Problem der Metaphysik", erscheint demnächst in: *RATIO. Jahrbuch für europäische Philosophie und Gesellschaftslehre*, Bd. VII–IX, 2010–2013, Podgoritza-Belgrad.

[12] Vgl. Bernulf Kanitscheider, „Karl Poppers Ansatz und die Idee einer synthetischen Philosophie", in: Neck/Salamun (2004).

tik im 20. Jahrhundert. Als solcher war er für die deutsche Diskussion der wichtigste philosophische Widerpart sowohl der antidemokratischen Rechten Carl Schmittscher (1888–1985) und Heideggerscher Provenienz als auch der neomarxistischen Linken vom utopischen Denken Ernst Blochs (1885–1977) bis zum Kulturpessimismus der Frankfurter Schule.

Als zunächst kontrovers, aber später überaus einflussreich hat sich Poppers Kritik an Platon, Hegel und Marx erwiesen. Es hat nicht an kritischen Stimmen gefehlt, die Popper Fehldeutungen, ja Unkenntnis Platons vorgeworfen haben. Popper hatte ein Tabu gebrochen: Er hatte den politischen Heiligenschein, den das Platon-Bild der traditionellen philosophischen Historiografie umgibt, zerstört und die totalitären Tendenzen in Platons Denken offen gelegt. Zu den namhaften Denkern, die ihm in dieser Einschätzung folgten, gehören Gilbert Ryle und Bertrand Russell.

Seine im Zusammenhang der Platon-Kritik vertretene „Regressionstheorie", der zufolge totalitäre Tendenzen sich aus der menschlichen Sehnsucht nach einer „geschlossenen", die Individuen von Freiheit und Verantwortung entlastenden Gesellschaft erklären lassen, ist freilich nur einer von mehreren Erklärungsansätzen in der modernen Totalitarismus-Diskussion. Sie hatte aber u.a. Einfluss auf die kritische Auseinandersetzung mit dem erstarkenden religiösen Fundamentalismus, wie sie etwa von Kurt Salamun (geb. 1940) betrieben wird.[13]

---

[13] Kurt Salamun, „Fundamentalistische Weltanschauungen aus der Sicht von Karl R. Poppers Kritischem Rationalismus", in: Neck / Salamun (2004).

Poppers Marx-Kritik wiederum hat entscheidend dazu beigetragen, dass die zentralen Lehren des Marxismus, trotz ihrer vorübergehenden Blüte während der 68er Bewegung, in West und Ost zunehmend Glaubwürdigkeit und Einfluss eingebüßt haben. Dazu gehört seine Kritik an der „dialektischen" Entwicklung und des damit verbundenen Geschichtsdeterminismus, aber auch seine kritische Auseinandersetzung mit den utopischen Elementen des Marxismus, die eine revolutionäre und umfassende gesellschaftliche Umgestaltung propagieren.

George Soros (geb. 1930), der in den frühen 50er Jahren bei Popper an der London School of Economics studierte, gründete 1979 seine „Open Society Foundations"[14], die Stipendien zunächst an südafrikanische und später auch an osteuropäische Dissidenten vergab. Über sie wurde Poppers politische Philosophie in den Ländern des ehemaligen Ostblocks verbreitet und Popper zum heimlichen Philosophen der demokratischen Wende 1989/90 in Osteuropa. Inzwischen wirkt die Stiftung in Poppers Geist weltweit.

Nach dem Zusammenbruch der sozialistischen Staatenwelt konzentrierte sich die an Popper anknüpfende Diskussion auf Fragen der Demokratietheorie. Poppers Denken wird dabei sowohl von sozialdemokratischen als auch von liberalen und libertären Denkern in Anspruch genommen.

In Poppers früher Phase überwiegen sozialdemokratische und wohlfahrtsorientierte Äußerungen. Die These, dass der Staat eine gewisse Fürsorgepflicht gegenüber sozial Schwachen hat, hat er auch nie aufgegeben. Sein Plädoyer für „piecemeal engineering", für eine an konkreten Problemen ausgerichtete, nach dem Prinzip von Versuch

---

[14] www.opensocietyfoundations.org.

und Irrtum vorgehende Reformpolitik, trifft sich mit dem sozialdemokratischen Mainstream.

Zu seinen Anhängern, die ihn in der Tradition des demokratischen Sozialismus wahrnehmen, zählt neben dem ehemaligen deutschen Bundeskanzler Helmut Schmidt der englische Philosoph und ehemalige Labour-Abgeordnete Bryan Magee. Vereinzelt gibt es auch Versuche, Popper in die Nähe der Gerechtigkeitstheorie von John Rawls (1921–2002) oder des Kommunitarismus zu rücken[15], obwohl ihm gerade von letzterer Seite vorgeworfen wurde, die Verwurzelung des Menschen in der Gesellschaft zu vernachlässigen und die Autonomie des Individuums zu überschätzen.

Indem Popper die Frage der individuellen Freiheit und der institutionellen Kontrolle politischer Macht in den Mittelpunkt seines politischen Denkens gerückt hat, gehört er in den größeren Zusammenhang eines Liberalismus, der sich u.a. auf Montesquieu (1689–1755), Edmund Burke und Alexis de Tocqueville (1805–1859) stützen kann. 1947 gründete er zusammen mit Friedrich Hayek, Milton Friedman (1912–2006) und Ludwig von Mises (1881–1973) – drei ausgewiesenen, zum Libertarianismus neigenden Wirtschaftsliberalen – die „Mont Pelerin Society", obwohl er deren Ideologie nicht gänzlich mittrug. Dass er 1984 den alle zwei Jahre vergebenen Tocqueville-Preis erhielt, der u.a. für den Einsatz für Freiheitsrechte vergeben wird, zeigt aber, dass er am Ende vor allem als Philosoph der Freiheit und Bürgerrechte wahrgenommen wurde.

---

[15] Vgl. dazu besonders die Beiträge in: Z. Parusniková/R.S. Cohen (Hg.), *Rethinking Popper*, Berlin 2009.

Einer der renommiertesten, von Popper beeinflussten Liberalen ist der Soziologe Ralf Dahrendorf, der bei Popper in London studierte. Auch Hans Albert hat mit seinem *Traktat über rationale Praxis* (1978) in Anknüpfung an Popper die enge Verbindung zwischen methodischem Fallibilismus und politischem Liberalismus herausgestellt. Die libertäre Sicht auf Popper, in der die Freiheit des Individuums in den Mittelpunkt gerückt und staatliche Einflussmöglichkeiten auf ein Minimum reduziert werden, vertritt Gerard Radnitzky (1921–2006)[16]. Eine intensive Diskussion seiner politischen Philosophie, die diese auch in Poppers erkenntnis- und wissenschaftstheoretische Grundpositionen einbettet, erfuhr Popper im Werk seines ehemaligen Assistenten Jeremy Shearmur (geb. 1948)[17].

Zur Ethik und Ästhetik hat sich Popper nur sporadisch und unsystematisch, zu Fragen einer Philosophie der Lebenskunst überhaupt nicht geäußert. Dennoch hat er auch in diesen Bereichen Spuren in der philosophischen Diskussion der Gegenwart hinterlassen. Ausgangspunkt war dabei der Verzicht auf eine Letztbegründung in der Moral bzw. auf ein essentialistisches Verständnis von „Kunst" oder „Glück". In den Mittelpunkt rückte vielmehr die vorgegebene Problemsituation und die daran anknüpfende problemlösende, nach dem Prinzip von Versuch und Irrtum vorgehende Tätigkeit des Menschen.

In den bisher vorliegenden Ansätzen zu einer kritisch-rationalen Ethik geht es entsprechend weniger um Begründungsprobleme der normativen Ethik als um Stra-

---

[16] Gerard Radnitzky, *Karl R. Popper. Denker der Freiheit*, Sankt Augustin 1995.

[17] Jeremy Shearmur, „Popper, Hayek and Classical Liberalism", in: *The Freeman*, 01.02.1989, und ders., *The Political Thought of Karl Popper*, London und New York 1996.

tegien zur Lösung moralischer Konflikte. Ziel ist es, die
für das moralische Problem relevante Problemsituation
zu beschreiben, und alternative Problemlösungen unter
Berücksichtigung der Betroffenen sowie aller verfügbaren
Erkenntnisse und vernetzten Probleme zu finden.[18] Ergebnisse und Kompromisse zwischen den Betroffenen müssen
sich dabei immer dem Praxistest des „Versuch und Irrtum"
aussetzen. Auch die Suche nach dem „gelingenden Leben"
wurde in jüngster Zeit, im Anschluss an Popper, als ein
Prozess des Versuchs und Irrtums gedeutet, der auf einer
kontinuierlich erweiterten Selbst- und Welterkenntnis beruht.[19]

Der Entwicklung einer kritisch-rationalen Ästhetik hat
Popper selbst einige Stichworte mitgegeben. Es verwun-
dert nicht, wenn er, als ein Liebhaber klassischer Musik,
in einer seiner seltenen Bemerkungen zur schöpferischen
Rolle des Künstlers das Beispiel Beethoven wählte. In Bee-
thovens Skizzenbüchern sah Popper einen nie endenden
Prozess der Fehlerkorrektur, der immer wieder neu auf
„einen Vergleich zwischen dem Erreichten und dem Er-
strebten, dem Idealbild des Werks" (SbW 263) abzielt. Genau diese Idee der schöpferischen Selbstkritik hat Ernst
H. Gombrich für die Ästhetik übernommen. Gombrich
konnte aus einem jahrzehntelangen persönlichen Aus-

---

[18] Vgl. dazu Hans-Joachim Niemann, *Die Strategie der Vernunft. Problemlösende Vernunft, rationale Metaphysik und Kritisch-Rationale Ethik*, 2. Aufl. Tübingen 2008, sowie das an der
Universität Graz von Harald Stelzer betriebene Forschungsprojekt
„Kritisch-rationale Ethik" (www.philosophie-gewi.uni-graz.at/de/
praktische-philosophie/projekte/).
[19] Vgl. dazu Robert Zimmer, „Karl R. Popper und der kritisch-rationale *way of life*", in: Günter Gödde / Jörg Zirfas (Hg.),
Lebenskunst im 20. Jahrhundert, Paderborn 2014.

tausch mit Popper schöpfen. In seinem Hauptwerk *Kunst und Illusion* (1959) beschreibt er die Tätigkeit des Künstlers als einen Prozess des „making and matching", als einen experimentellen, sich auf Hypothesen stützenden Suchprozess, in dem der Künstler versucht, seine Vorstellung schrittweise in ein gemaltes Bild zu übersetzen. Für die nachfolgende Generation haben zwei ehemalige Schüler Poppers, Joseph Agassi und Ian Jarvie, Beiträge kritischer Rationalisten zur Ästhetik gesammelt, in denen die problemlösenden Tätigkeiten in Kunst und Wissenschaft miteinander verknüpft und die soziale Eingebundenheit von Kunst betont werden.[20]

Während Poppers Spuren in den Bereichen Ethik, Lebenskunst und Ästhetik überschaubar bleiben, sind zentrale Thesen seiner Erkenntnis- und Wissenschaftstheorie, seiner politischen Philosophie und seiner Metaphysik zum Gemeingut zeitgenössischer Wissenschaft, Politik und Philosophie geworden. Mögen in Einzelfragen Poppers Auffassungen umstritten sein, so bleibt das moderne philosophische Denken dem Werk Poppers doch tief verpflichtet.

---

[20] Joseph Agassi / Ian Jarvie (Hg.), *A Critical Rationalist Aesthetics*, Amsterdam 2009.

Bibliographische Notiz

1. Werke Poppers

Zitiert wird aus folgenden Popper-Ausgaben mit den entsprechenden Siglen:

Popper, Karl R. (2001ff.): Gesammelte Werke in deutscher Sprache. Tübingen: Mohr Siebeck. [GW] Bisher sind erschienen:

Bd. 1: *Frühe Schriften* (2006).

Bd. 2: *Die beiden Grundprobleme der Erkenntnistheorie* (2010).

Bd. 3: *Logik der Forschung* (2005).

Bd. 4: *Das Elend des Historizismus* (2003).

Bd. 5: *Die offene Gesellschaft und ihre Feinde. Bd. 1: Der Zauber Platons* (8. Aufl., 2003).

Bd. 6: *Die offene Gesellschaft und ihre Feinde. Bd. 2: Falsche Propheten: Hegel, Marx und die Folgen* (8. Aufl., 2003).

Bd. 7: *Realismus und das Ziel der Wissenschaft. Aus dem Postskript zur Logik der Forschung I* (2002).

Bd. 8: *Das offene Universum. Aus dem Postskript zur Logik der Forschung II* (2001).

Bd. 9: *Die Quantentheorie und das Schisma der Physik. Aus dem Postskript zur Logik der Forschung III* (2001).

Bd. 10: *Vermutungen und Widerlegungen* (2009).

Bd. 12: *Wissen und das Leib-Seele-Problem* (2012).

Bd. 15: *Ausgangspunkte. Meine intellektuelle Entwicklung* (2012).

Als Orientierungshilfe werden die Zitate zusätzlich aus älteren, bisher gebräuchlichen Popper-Ausgaben belegt:

Logik der Forschung (1934), 10. Aufl. Tübingen 1994 [= LdF].

Das Elend des Historizismus (1965), 6. Aufl. Tübingen 1987 [= EH].

Die offene Gesellschaft und ihre Feinde, Bd. I: *Der Zauber Platons*, Bd. II: *Falsche Propheten. Hegel, Marx und die Folgen*, (1957/58), 5. Aufl. München 1977 [= OG I/II].

Vermutungen und Widerlegungen, Teilband I Tübingen 1994, Teilband II Tübingen 1997 [= VuW].

Objektive Erkenntnis. Ein evolutionärer Entwurf, Hamburg 1973 [= OE].

Ausgangspunkte. Meine intellektuelle Entwicklung, Hamburg 1979 [= A].

Das Ich und sein Gehirn (1982), 5. Aufl. München 1985 [= IuG].

Die noch nicht im Rahmen der Gesammelten Werke erschienenen Schriften Poppers werden wie folgt zitiert:

Auf der Suche nach einer besseren Welt (1984), München 1984 [= SbW].

Alles Leben ist Problemlösen, München 1994 [= LP].

Die Welt des Parmenides. Der Ursprung des europäischen Denkens, München 2001 [= WdP].

Interviews und Diskussionen:

Stark, Franz (Hg.): *Revolution oder Reform? Herbert Marcuse und Karl Popper. Eine Konfrontation*, München 1971 [= RoR].

„*Ich weiß, dass ich nichts weiß – und kaum das*", Karl Popper im *Gespräch über Politik, Physik und Philosophie*, Frankfurt/M. – Berlin 1991, (Orig. Bonn: DIE WELT) [= NW].

2. Ausgewählte biographische Literatur zu Popper

Agassi, Joseph: *A Philosopher's Apprentice. In Karl Popper's Workshop*, Amsterdam – Atlanta, G.A. 1993.

Albert, Hans: „Karl Popper" (1902–1994), in: *Zs. f. allg. Wissenschaftstheorie*, Vol. 26 1995, S. 207–225.

Alt, Jürgen August: *Karl R. Popper*, Frankfurt / M. – New York 1992.

Bartley, William W. III: „Ein schwieriger Mensch", in: Nordhofen, E. (Hg.): *Physiognomien*, Königstein / T. 1980, S. 43–69.

Baum, W. / González, K.E.: *Karl R. Popper*, Berlin 1994.

Belke, Ingrid: „Karl. R. Popper im Exil in Neuseeland von 1937 bis 1945", in: Stadler, Friedrich (Hg.): *Vertriebene Vernunft II: Emigration und Exil österreichischer Wissenschaft 1930–1940*, Wien / München 1988, S. 145–154.

Brudny, Michelle-Irène, *Karl Popper. Un philosophe heureux. Essai de biographie intellectuelle*, Paris 2002.

Döring, Eberhard: *Karl R. Popper. Einführung in Leben und Werk*, Hamburg 1987.

Eccles, John C.: „My Living Dialogue with Popper", in: Levinson, Paul (Hg.): *In Pursuit of Truth. Essays in Honour of Karl Popper's 80th Birthday*, Atlantic Highlands 1982, S. 221–236.

Edmonds, David J. / Eidinow, John A.: *Wie Ludwig Wittgenstein Karl Popper mit dem Feuerhaken drohte. Eine Ermittlung,* Stuttgart – München 2001.

Geier, Manfred: *Karl Popper*, Reinbek bei Hamburg 1994.

Gombrich, Ernst H.: „What I Learned from Karl Popper", Interview with the Editor, in: Levinson, Paul (Hg.): *In Pursuit of Truth. Essays in Honour of Karl Popper's 80th Birthday*, Atlantic Highlands 1982, S. 203–220.

Gombrich, Ernst H.: *The Open Society and Its Enemies: Remembering Its Publication Fifty Years Ago*, LSE Discussion Paper Series, London 1995.

Hacohen, Malachi Haim: *Karl Popper – The Formative Years, 1902–1945*, Cambridge 2000.

Jarvie, Ian C.: „ Sir Karl Popper", in: Otto Molden (Hg.), *Krise der Moderne?*, Europäisches Forum Alpbach 1988, Wien 1989, S. 417–427.

Kiesewetter, Hubert: *Karl Popper – Leben und Werk*, Eichstätt 2001.

Magee, Bryan: *Karl Popper*, Tübingen 1986.

Magee, Bryan: *Bekenntnisse eines Philosophen*, München 1998.

Miller, David: „Sir Karl Raimund Popper. 28 July 1902 – 17 September 1994", in: *Biogr. Mems Fell. R. Soc. Lond.* 43, S. 367–409.

Musgrave, Alan: „Alpbacher Porträt: Karl Popper", in: Heinrich Pfurterschmid-Hartenstein (Hg.), *Das Ganze und seine Teile*, Europäisches Forum Alpbach 1995, Wien 1996, S. 279–292.

Watkins, John W.N.: „Karl Raimund Popper 1902–1994", in: *Proceedings of the British Academy*, Bd. 94, 1997, S. 645–684.

Abbildungsverzeichnis

Register